新昌农家书屋建设与研究

杜艳艳 ◎ 著

河海大学出版社
HOHAI UNIVERSITY PRESS
·南京·

图书在版编目（CIP）数据

新昌农家书屋建设与研究 / 杜艳艳著 . -- 南京：河海大学出版社，2024.9. -- ISBN 978-7-5630-9245-1
Ⅰ．G259.255.4
中国国家版本馆 CIP 数据核字第 2024JH9238 号

书　　名 / 新昌农家书屋建设与研究
　　　　　 XINCHANG NONGJIA SHUWU JIANSHE YU YANJIU
书　　号 / ISBN 978-7-5630-9245-1
责任编辑 / 彭志诚
特约编辑 / 王春兰
特约校对 / 董　瑞
装帧设计 / 刘昌凤
出版发行 / 河海大学出版社
地　　址 / 南京市西康路 1 号（邮编：210098）
电　　话 /（025）83737852（总编室）
　　　　　 /（025）83722833（营销部）
经　　销 / 全国新华书店
印　　刷 / 三河市元兴印务有限公司
开　　本 / 880 毫米×1230 毫米　1/32
印　　张 / 4.75
字　　数 / 96 千字
版　　次 / 2024 年 9 月第 1 版
印　　次 / 2024 年 9 月第 1 次印刷
定　　价 / 89.80 元

目 录

上篇 实践探索

第一章 农家书屋工程概况
第一节 发展背景 … 001
第二节 作用和意义 … 003

第二章 新昌县农家书屋建设与发展
第一节 农家书屋建设 … 003
第二节 农家书屋示范点建设 … 004
第三节 纳入公共图书馆业务管理系统 … 006
第四节 乡村图书馆建设 … 006
第五节 农家书屋相关制度 … 014

第三章 新昌县农家书屋运行与服务
第一节 开放时间 … 016
第二节 服务内容 … 017
第三节 管理人员 … 018
第四节 图书配送 … 022
第五节 农家书屋一览 … 022

- 第四章 新昌县农家书屋分析与展望
- 第一节 可持续发展 082
- 第二节 未来展望 082

下篇 工作研究

- 乡村振兴背景下农家书屋可持续发展研究 084
- 公共图书馆与农家书屋融合发展策略探析 089
- 新时期乡村图书馆建设研究 091
- 智慧图书馆环境下馆员信息素养能力提升研究 098
- 县级公共图书馆少儿读者服务的现状与思考——以公共图书馆为例 103
- 基层公共图书馆志愿者服务初探——以新昌县图书馆为例 112
- 公共图书馆服务特殊群体的探索与实践——基于新昌县图书馆案例的思考 122
- 公共图书馆与中小学合作模式研究 128
  134
  140

上篇
实践探索

第一章 农家书屋工程概况

第一节 发展背景

一、农家书屋的概念

农家书屋是为满足农民文化需求，建在行政村且具有一定数量的图书、报刊、电子音像制品和相应阅读、播放条件，由农民自主管理、自我服务的公益性文化场所。

每一个农家书屋原则上可供借阅的实用图书不少于1000册，报刊不少于30种，电子音像制品不少于100种（张），具备条件的地区，可增加一定比例的网络图书、网络报纸、网络期刊等出版物。

二、农家书屋工程发展背景

为深入贯彻落实中共中央、国务院《关于推进社会主义新农村建设的若干意见》和《关于进一步加强农村文化建设的意见》，切实解决广大农民群众"买书难、借书难、看书难"的问题，2007年3月，新闻出版总署会同中央文明办、国家发展改革委、科技部、民政部、财政部、农业部、国家人口计生委联合发出了《关于印发〈"农家书屋"工程实施意见〉的通知》，开始在全国范围内实施农家书屋工程。

2019年2月，中央宣传部、中央文明办、教育部、财政部、农业农村部、文化和旅游部、国家广电总局、共青团中央、全国妇联、中国残联联合印发了《农家书屋深化改革创新 提升服务效能实施方案》。

农家书屋建设是党和国家实施的公共文化服务体系重点工程之一。近年来，新昌县认真贯彻落实上级部署要求，持续推进农家书屋与新时代文明实践、数字文化资源等深度融合，保障农民群众最基本的文化权益，积极融入乡村振兴工作，推动农村经济社会发展。

第二节 作用和意义

一、建设成果

农家书屋建设自2007年全面启动以来，历经10多年的建设发展，从无到有、从少到多，截至2021年底，全国共有农家书屋58万家。实践证明，此举较好地解决了广大农民读书难、看报难和农村文化生活较为匮乏等问题。实现村村有书屋，建好书屋并运营好书屋，让图书借阅成为工作生活的常态，让农家书屋成为农民朋友的"文化充电站"，真正打通文化服务的"最后一公里"，走向稳定可持续发展，依然任重而道远。

二、作用和意义

农家书屋在全国遍地开花，成为乡村文化振兴的主要载体和重要阵地，也是农民群众寻求知识的充电站、休闲站和文化小乐园，引导农民群众在读书中学知识、明礼仪、知荣辱、树新风，争做文明村民，争创和谐家庭，极大地丰富了农民群众的文化生活。

农家书屋以人为本、以农民日益增长的美好生活需要为目标的服务理念，体现了党和政府深入实施文化惠民工程、丰富乡村文化活动的具体实践。

第二章　新昌县农家书屋建设与发展

第一节　农家书屋建设

一、新昌县农家书屋建设启动仪式

2007年9月29日上午,新昌县农家书屋启动仪式在羽林街道拔茅村文化中心举行。新昌县县委常委、宣传部部长潘岳梦作重要讲话。县人大常委会副主任王敏慧,县政协副主席徐剑平为农家书屋揭牌。县文明办、文化广电新闻出版局、发改局、财政局、科技局、农业局、人口和计划生育局等部门的领导,羽林街道的领导及拔茅村党员干部共100余人参加仪式。

二、新昌县第一批农家书屋(社区书屋)建设

2007年,新昌县建成第一批48家农家书屋(见表1-1),10家社区书屋(见表1-2)。

表1-1　新昌县第一批农家书屋名单（48家）

序号	镇乡和村委会名称	1000种援建图书	500种援建图书	300种援建书
1	澄潭镇社古村		√	
2	澄潭镇棠村村		√	
3	澄潭镇里丁村		√	
4	镜岭镇西坑村		√	
5	镜岭镇雅张村		√	
6	镜岭镇西山头村		√	
7	大市聚镇西山村		√	
8	大市聚镇大市聚村		√	
9	大市聚镇西王村		√	
10	儒岙镇南山村		√	
11	儒岙镇儒一村		√	
12	儒岙镇硍下村		√	
13	梅渚镇前三村		√	
14	梅渚镇山泊村		√	
15	梅渚镇张家店村		√	
16	沙溪镇沙溪村		√	
17	沙溪镇剡界岭村		√	
18	沙溪镇真诏村		√	
19	小将镇里小将村		√	
20	小将镇外小将村		√	
21	小将镇茅洋村		√	
22	回山镇回山村		√	
23	回山镇植林村		√	
24	回山镇雅里村		√	
25	东茗乡东芝村		√	
26	东茗乡里王村		√	
27	东茗乡章黄山村		√	
28	新林乡胡卜村		√	

续表

序号	镇乡和村委会名称	1000种援建图书	500种援建图书	300种援建书
29	新林乡大坪头村		√	
30	新林乡竹岸村		√	
31	城南乡眉岱村		√	
32	城南乡秦岩村		√	
33	城南乡姚宫村		√	
34	巧英乡雪头村		√	
35	巧英乡三坑村		√	
36	巧英乡中溪村		√	
37	双彩乡蔡家湾村		√	
38	双彩乡下塘村		√	
39	双彩乡新市场村		√	
40	羽林街道拔茅村		√	
41	羽林街道马大王村		√	
42	羽林街道万石坑村		√	
43	南明街道新民村		√	
44	南明街道岙里头村		√	
45	南明街道城星村		√	
46	七星街道凤凰村		√	
47	七星街道下礼泉村		√	
48	七星街道石柱湾村		√	

（注：2019年，撤销澄潭镇、梅渚镇，合并组成新的澄潭街道；撤销大市聚镇、新林乡建制，合并组建新的沃洲镇；撤销小将镇、巧英乡建制，合并设立新的小将镇；撤销回山镇、双彩乡建制，合并组建新的回山镇。下同。）

表1-2 新昌县第一批社区书屋名单（10家）

序号	社区名称	地址
1	临城社区	人民东路100号
2	东溪社区	阳光路金家井19号
3	市中社区	张家巷20号
4	城南社区	城南路5号
5	梅湖社区	中镇庙41号
6	茶亭社区	茶亭新村5幢121号
7	鼓山社区	鼓山新村9幢222室
8	临江社区	大明路8弄1号
9	七星社区	七星一村1幢7号
10	凤山社区	沿江中路60号

三、新昌县第二批农家书屋建设

2008年，新昌县建成第二批60家农家书屋（见表1-3）。

表1-3 新昌县第二批农家书屋名单（60家）

序号	乡镇（街道）	村（社区）名
1	澄潭镇	北街村、兴旺村、灵山下村、里丁村
2	梅渚镇	宋家村、山头村、麻家田村、梅渚村
3	镜岭镇	岩泉村、溪西村、殿前村、黄婆滩村
4	回山镇	丁山村、官塘村、贤辅村、王家市村
5	儒岙镇	官元庙村、东山村、横渡桥村、雅张村
6	大市聚镇	鳌东村、沃洲村、后梁村、坑西村

续表

序号	乡镇（街道）	村（社区）名
7	小将镇	平山村、五埠村、岭脚村、下联村
8	沙溪镇	开口岩村、下蔡岙村、溢坑村
9	城南乡	石溪村、琅珂村、丁龙村
10	东茗乡	章黄山村、康庄村、东茗村
11	双彩乡	大安村、下岩村、后王村
12	新林乡	查林村、祝家庄村
13	巧英乡	大雷村、上三坑村、巧英村、尖坑村
14	羽林街道	芦士村、白杨村、后岸村、兰沿村
15	七星街道	馒头山村、杨梅山村、岩里村、葫芦岙村、五联村
16	南明街道	九间廊村、棣山村、新联村、桃源村、湖莲潭社区

四、新昌县第三批农家书屋建设

2009年，新昌县建成第三批80家农家书屋（见表1-4）。

表1-4　新昌县第三批农家书屋名单（80家）

序号	乡镇（街道）	村（社区）名
1	澄潭镇	泄下村、芝田村、丰瓦村、燕窠村、左于村、东街村、舒家村
2	梅渚镇	麻家田村、马家庄村、铁牛村、山支头村、平水村、上潘村
3	镜岭镇	练使村、渡头村、大畈村、镜岭村、肇圃村
4	回山镇	下山村、高湾村、旧里村、柘前村、晨光村
5	儒岙镇	会士岭村、井杨村、王渡口村、儒二村、前洋市村、鱼将村
6	大市聚镇	管家岭村、鳌东村、黄坛村、梅林山村、五平村、第头村
7	小将镇	芹塘村、铜坑村、南洲村、里家溪村、金村村

续表

序号	乡镇（街道）	村（社区）名
8	沙溪镇	唐家坪村、上蔡岙村、生田村、董村村、真诏村
9	城南乡	里家竹村、高侬村、天荷村、杨家山村、前进村、下洲村
10	东茗乡	上来村、前后坪村、里王村、白岩村
11	双彩乡	岭山村、欧潭村、袁家村、双侯村
12	新林乡	龙皇堂村
13	巧英乡	溪竹村、莒根村、桥下村、细心坑村、溪口村
14	羽林街道	三合村、新富村、渡皇山村
15	七星街道	元岙村、葫芦岙村、龙山村、蟠龙村、溪二村
16	南明街道	班竹村、望江山村、上小余村、挂帘山村、新联村、庄前村、大洋山村

五、新昌县第四批农家书屋建设

2010年，新昌县建成第四批70家农家书屋（见表1-5）。

表1-5 新昌县第四批农家书屋名单（70家）

序号	乡镇（街道）	村（社区）名
1	儒岙镇	新任村、圳塍村、余家口村、回竹山村、坑里村、南芦村
2	澄潭镇	西花园村、朱凤村、横联村
3	小将镇	方泉村、下朱部村、里东村、罗溪村 迭里村、新欣村
4	沙溪镇	竺家坑村、孙家田村、马菊田村、上徐村
5	新林乡	彭顶山村
6	大市聚镇	百菊村、梁高村、青白石村、山南村、王桥村
7	东茗乡	黄潭村、后金山村、东丰坑村、后岱山村

续表

序号	乡镇（街道）	村（社区）名
8	梅渚镇	前官塘村、长安棚村、红庄村、下田村、上山泊村、下山泊村
9	镜岭镇	坪桥村、安山村、塘北村、下潘村、兴云村、黄岙村
10	双彩乡	前王村、上下真村、后坂村
11	城南乡	大山庄村、任家村、企石村
12	巧英乡	联防村、五星村
13	回山镇	新洋村、蟠溪村、上市场村、樟花村
14	羽林街道	新岩村、五丰村、泉清村、王家园村、大塘坑村、藕岸村
15	南明街道	甘棠村、东联村、燕窠村、平湖村、鼓山社区、市中社区
16	七星街道	赵婆岙村、庙前地村、中喻村、飞凤村、磕下村

六、新昌县第五批农家书屋建设

2011年，通过分两期建设农家书屋，第一期完成81家农家书屋（含社区1家）（见表1-6），第二期完成76家农家书屋（见表1-7），实现全县415个行政村农家书屋全覆盖建设。

表1-6 新昌县2011年第一期农家书屋建设情况

序号	乡镇（街道）	村（社区）名
1	澄潭镇	东西城村、枣园村、西花园村、茅家村、横联村、居委会
2	梅渚镇	青廷坞村、王洋平村、坂田村、苏秦村
3	镜岭镇	楼基村、碓头村、梁家村、殿前村、上竹潭村、金高椅村、小泉溪村、白岩下村、建国村
4	回山镇	大宅里村、宅下丁村、中宅村、荷塘村、前陈村

续表

序号	乡镇（街道）	村（社区）名
5	儒岙镇	王渡里村、五王村、横山村、横板桥村、上里村、石磁村、庄山村、屋沿坑村、旧宅村、横渡桥村、天姥村
6	大市聚镇	水帘村、庄后王村、下坑村、姚卜丁村、茅坪村、何梁浦村
7	小将镇	岭脚村、结局山村、外小将村
8	沙溪镇	马菊田村、王家年村
9	城南乡	潜溪村、朱王银村
10	东茗乡	后岱山村、东茗村
11	双彩乡	上贝村、莲花心村、双侯村
12	新林乡	银星村
13	巧英乡	唐家村
14	羽林街道	大明市村、前岸村、孟家塘村、长诏村、三丰村、董余村、三联村、央于村、新旺村、天峰村、岙元村、新中村、山头里村
15	南明街道	甘棠村、南泥湾村、城裕村、市中村
16	七星街道	张家庄村、赵婆岙村、上三溪村、后溪村、石柱湾村、土谷庙村、蟠龙村、飞凤村、南岩社区

表1-7 新昌县2011年第二期农家书屋建设情况

序号	乡镇（街道）	村（社区）名	合计76家
1	澄潭镇	龟岩潭村、岭竺村、西街村、胡衣村、朱凤村、东瓦村	6家
2	镜岭镇	暖谷山村、横坞村、洞坑村、大古年村、冷水村、下竹潭村、后染村	7家
3	大市聚镇	严丹赤村、桐中井村、炉溪村、曹家村、东郑村、东宅村、寨岭村	7家
4	儒岙镇	黄泥丘村、甘湾村、治国坞村、上八坞村、里外岙村、东家坑村、锦碜坑村、上道地村、祥棠村、大江村、居桥安村	11家

续表

序号	乡镇（街道）	村（社区）名	合计 76家
5	梅渚镇	下衣村、杨梅坪村、后山根村、定坂村、水出坂村	5家
6	沙溪镇	黄坑村	1家
7	小将镇	里宅村、旧坞村、上朱部村	3家
8	回山镇	西丁村、官元村、上下西岭村、红联村、屯外村	5家
9	东茗乡	下岩贝村	1家
10	新林乡	杨树坪村	1家
11	城南乡	大潘村、韩妃村	2家
12	双彩乡	双湾村、上下宅村、岭岙村	3家
13	羽林街道	王泗洲村、岳岭村、白段村、青山头村、年丕村、王山村、丁家园村、枫家潭村、铁顶山村、梁家井村、大联村、金裕村	12家
14	南明街道	赤土村、城建村、城民村	3家
15	七星街道	下石演村、下三溪、坎头村、候村、五都村、九峰寺村、上礼泉村、塔山村、合新村	9家

第二节　农家书屋示范点建设

一、建设标准

2011年起，在完成新昌县全县415个行政村农家书屋全覆盖的基础上，对几年来运行管理较好的农家书屋，新昌县图书馆做好农家书屋示范点建设，对现有农家书屋做进一步帮扶提升，每年重点帮扶3~5家农家书屋，保障书屋良好运转。主要举措为图书更新、相关设施设备配送等。

二、经费保障

省里每年下拨20万元送书下乡专项经费,用于农家书屋示范点建设和配送图书、书架、电脑等。

三、历年建设情况（见表1-8）

表1-8 2011—2023年农家书屋建设情况

年份	农家书屋示范点
2011	七星街道元岙村、镜岭镇外婆坑村、大市聚镇西山村、沙溪镇董村村、沙溪镇沙溪村、梅渚镇梅渚村、巧英乡三坑村、儒岙镇儒一村、回山镇雅里村、城南乡天荷村
2012	澄潭镇东街村、梅渚镇梅渚村、镜岭镇外婆坑村、大市聚镇黄坛村、大市聚镇西山村、沙溪镇沙溪村、东茗乡上来村、羽林街道马大王村、羽林街道拔茅村、南明街道班竹村
2013	梅渚镇梅渚村、澄潭镇棠村村、东茗乡上来村、大市聚镇西山村、儒岙镇南山村、沙溪镇沙溪村、巧英乡中溪村、南明街道斑竹村、城南乡杨坑村、镜岭镇外婆坑村
2014	南明街道斑竹村、七星街道凤凰村、羽林街道拔茅村、澄潭镇棠村村、澄潭镇太阳村、沙溪镇沙溪村、儒岙镇南山村、巧英乡三坑村
2015	大市聚镇西山村
2016	儒岙镇石磁村、镜岭镇西溪村、新林乡大坪头村
2017	南明街道望江山村、儒岙镇东山村、南明街道斑竹村、东茗乡东茗村、大市聚镇曹家村、羽林街道孟家塘村、儒岙镇天姥新村、小将镇岭脚村、双彩乡下岩村

续表

年份	农家书屋示范点
2018	羽林街道新中村、羽林街道孟家塘村、双彩乡上下宅村、小将镇罗溪村、东茗乡后岱山村
2019	小将镇南洲村、新林乡祝家庄村、沙溪镇董村村
2020	七星街道塔山村、城南乡石溪村、澄潭街道张家店村、南明街道庄前村、羽林街道央于村、镜岭镇雅庄村
2021	回山镇荷塘村、羽林街道新富村、儒岙镇儒二村
2022	儒岙镇朱路游客中心、沃洲镇严丹赤村、澄潭街道棠村村
2023	羽林街道年丕村、东茗乡下岩贝村

第三节 纳入公共图书馆业务管理系统

一、定义

根据 2020 年浙江省公共图书馆服务大提升要求，新昌县图书馆启动农家书屋纳入图书馆业务系统建设，进行统一采编、统一配送，实现图书在县图书馆、天姥书房、乡镇分馆以及各农家书屋通借通还，进一步提高图书馆服务效能。

二、实施情况

2020 年，新昌县图书馆实现全县 30% 农家书屋纳入公共图书馆业务管理系统。2021-2023 年，逐年持续开展该项工作。截至 2023 年底，新昌县图书馆实现全县农家书屋纳入公共图书馆业务管理系统，实现图书通借通还、资源共建共享。

第四节　乡村图书馆建设

根据绍兴图书馆提出的乡村图书馆建设要求，结合新昌县农家书屋实际情况，2022 年起，新昌县图书馆同步推进乡村图书馆建设，有效提升乡村图书馆数字化服务水平。

一、基础条件

1. 乡村图书馆须纳入当地县级图书馆业务管理体系，实现与县图书馆图书通借通还、数字资源共建共享的服务效果。

2. 乡村图书馆应营造舒适的阅览环境，馆舍面积不少于 100 ㎡，阅览座位不少于 6 座，供读者使用电脑不少于 2 台，互联网宽带不小于 10M，馆舍内提供免费 Wi-Fi 环境，支持移动阅读。

3. 乡村图书馆配备的图书应不低于 1500 册，报刊不少于 30 种，图书报刊定期更新；配备电子图书机或电子阅报机，提供有声阅读服务。

4. 乡村图书馆应有固定的开放时间，双休日应对外开放，每周开放时间不少于 42 小时。

二、建设情况

2022 年，确定儒岙镇朱路游客中心、沃洲镇严丹赤村和澄潭街道棠村村为3家乡村图书馆建设点（见表1-9）。

表1-9　2022年乡村图书馆建设情况

乡村图书馆	图书藏量（册）	设施设备
朱路游客中心	1500	自助借还机1台、数字图书借阅机1台、中华诗词一体机1台
严丹赤村	2000	自助借还机1台、数字图书借阅机1台、长桌1张、牛角椅8条
棠村村	1788	自助借还机1台、数字图书借阅机1台、空调1台

2023年，确定羽林街道年岙村、东茗乡下岩贝村为2家乡村图书馆建设点（见表1-10）。

表1-10　2023年乡村图书馆建设情况

乡村图书馆	图书配送（册）
年岙村	6000
下岩贝村	1589

第五节　农家书屋相关制度

一、农家书屋管理制度

1.农家书屋是为满足农民文化需要，在行政村建立的，由农民自己管理的，能提供农民实用的书报刊和音像电子产品阅览视听条件的公益性文化服务设施。

2. 农家书屋服务对象为全体村民。

3. 农家书屋的出版物、书架、桌椅、放映设备等均为公共财产，敬请爱护。

4. 农家书屋须在屋外悬挂统一样式的标牌，在屋内醒目地方张贴各项规章制度。

5. 农家书屋安排专人管理，接受全体村民监督。

6. 农家书屋每周开放时间不得少于五天，具体开放时间应在书屋明显位置向村民公告。

7. 村民借阅出版物不收取任何费用，但应遵守书屋相关的借阅制度。

8. 农家书屋内应保持安静和环境整洁。严禁吸烟，严禁在农家书屋内进行赌博和其他非法、不文明行为。

9. 严禁非法、违禁出版物进入书屋。

二、村民借阅须知

1. 村民有借阅和阅览图书的权利。

2. 借阅图书需登记，每人每次可借阅 3 本。

3. 每本书的借书期限为 1 个月，可续借。

4. 借阅者应保管好图书，不要丢失，不要损坏，不要在图书上涂写乱画。

5. 过期不还或损坏、丢失图书的，要适当赔偿。

三、农家书屋管理员工作细则

1. 认真履行农家书屋管理员职责。
2. 热情接待每个读者，耐心解答读者提出的问题。
3. 虚心听取意见，努力改进工作。
4. 严格保证书屋开放时间，不擅离岗位。
5. 及时打扫卫生，保持室内清洁。
6. 定期整理、统计图书，图书归还后及时上架。
7. 妥善保管图书音像资料及书屋设施，确保书屋的安全。
8. 下班时切断电源，关好门窗。

四、新昌县农家书屋管理制度（2007年9月）

1. 坚持日常开放和节假日开放，特殊情况下服务人员应随叫随到。
2. 读者按规定办理借书手续，包括姓名、书名登记，借阅日期和预约归还日登记，收取必要的借书押金。
3. 每次借书一般限于1~2册，借还周期不超过半个月（超时应办续借手续）。期刊或重要出版物仅限室内阅览，谢绝外借。
4. 养成珍爱图书和阅后规范归放的好习惯。对期刊、图书涂鸦污损，造成缺角撕页情况严重或丢失的，要做折价赔偿或处罚赔偿。
5. 遵守服务场所管理规定，不抽烟，不随地吐痰，不乱扔果屑垃圾，不大声喧哗。
6. 本书屋有条件开展电子阅览室上网服务的，要严格遵守《网上阅览室管理办法》等规定，自觉做到维护网络安全、文明上网。
7. 新昌县农家书屋业务指导和服务督查工作机构电话号码为：

86039915（县图书馆）。

五、乡村图书馆公示信息（2022 年 10 月）

图题

第三章 新昌县农家书屋运行与服务

第一节 开放时间

根据新昌县《农家书屋管理制度》，农家书屋每周开放时间不得少于五天，具体开放时间应在书屋明显位置向村民公告。农家书屋开放的具体时间，则由当地村委会根据村里的实际情况统筹安排，结合农忙时节，适时调整开放时间。一般而言，以满足村民的基本阅读需求为主，根据需求随时开放，确保每周开放时间到位。

第二节 服务内容

新昌县农家书屋服务内容主要包括图书阅览、图书借还以及开展相关阅读推广活动等。农家书屋建成后，为村民提供图书阅览、借还服务，一定程度上解决了老百姓借书难、看书难的问题。

一是图书阅览。农家书屋内书刊文献都提供免费阅览，所有数字化阅读设备都免费使用，无须办理任何手续，真正实现零门槛服务。

二是图书借还。农家书屋内书刊借还须办理借还登记手续，部分农家书屋可通过自助借还机或电脑借阅，部分农家书屋仍沿用手工纸质登记。所借图书须按期归还，并保管好所借图书。2007年农家书屋建成以来，图书借还一般通过手工登记的方式进行借阅记录。各农家书屋同时配送《农家书屋借阅登记本》《新昌县农家书屋图书登记册》和《意见本》。自2020年起，根据浙江省"满意图书馆"建设标准及绍兴市公共图书馆服务大提升工作要求，逐步将农家书屋纳入公共图书馆业务系统。

新昌县农家书屋相关登记册

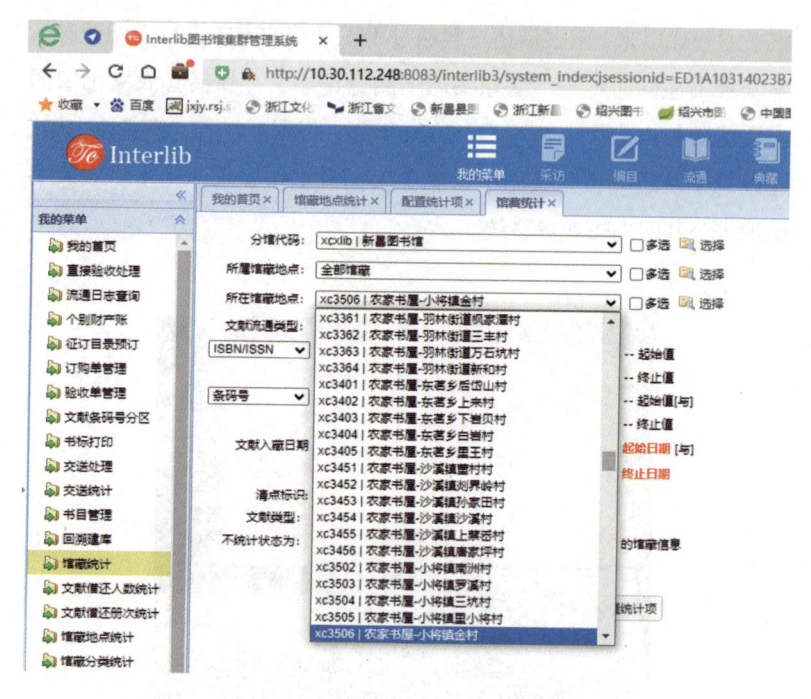

农家书屋纳入新昌县图书馆业务管理系统截图

三是开展阅读推广活动。县图书馆组织馆员到各农家书屋开展讲座、展览、办理借阅证、送书下乡等服务上门活动，做一些图书馆服务宣传，提升老百姓在家门口阅读的体验，深入农村基层点推广全民阅读活动。

第三节　管理人员

新昌县农家书屋管理人员由各村委会组织安排，管理员以兼职为主。以村委会成员为主，有些村因为人手问题安排了村里一些具备一定文化水平和管理能力、热心公益事业的退休老人或闲职在家的村民等代为管理。

新昌县图书馆结合送书下乡活动等业务工作,对农家书屋管理员进行业务帮扶和指导。对农家书屋的图书分类、排架整理等工作,做好示范和引导工作。

第四节　图书配送

新昌县农家书屋的图书来源主要有新昌县图书馆配送、上级部门赠送、爱心人士捐赠等方式。

一是图书馆配送。作为新昌县唯一一家公共图书馆,新昌县图书馆承担着农家书屋图书更新配送的主要工作。资金来源主要为省拨送书下乡资金。根据省下达的专项资金,一方面用于建设新的农家书屋示范点(乡村图书馆),一方面用于更新原建的农家书屋的图书。

二是上级部门赠送。结合特色乡村、示范乡村等建设,相关上级部门结合村实际需求,赠送一批图书,打造精品书屋。

三是爱心人士捐赠。一般由乡贤、企业家等一些热心公益事业的人士捐赠给村里,反哺社会。

第五节　农家书屋一览

● 城　南　乡

大山庄村

琅珂村

里家竹村

企石村

姚宫村

朱王银村

天荷村

石溪村

澄潭街道

横联村

麻家田村

梅岭村

梅渚村

上湖村

社古村

棠村村

铁牛村

山泊村

张家店村

● 东 茗 乡

东丰坑村

东芝村

里王村

后岱山村

上来村

金山村

东茗村

章黄山村

● 回山镇

上下宅村

荷塘村

上贝村

下岩村

前后王村

回山村

第三章 新昌县农家书屋运行与服务

大安村

柘前村

欧潭村　　　　　　　　上市场村

● 镜岭镇

安山村

第三章 新昌县农家书屋运行与服务

雅庄村

外婆坑村

砩头村

镜岭村

第三章 新昌县农家书屋运行与服务

溪西村

冷水村

楼基村

● 南 明 街 道

临城社区

仙桂村

城南社区

庄前村

挂帘山村

望江山村

钟楼社区

鼓山社区

棣山村

班竹村

七星街道

元岙村

南岩社区

后溪村

塔山村

滨江社区

石柱湾村

磕下村

金星村

● 儒岙镇

上里村

东山村

会墅岭村

儒二村

圳塍村

天姥村

屋沿坑村

朱路游客中心

横山村

横板桥村

王渡村

石磁村

沙溪镇

上蔡岙村

剡界岭村

唐家坪村

孙家田村

沙溪村

董村村

● 沃 洲 镇

严丹赤村

何梁浦村

祝家庄村

后梁村

大坪头村

曹家村（自然村）

第三章 新昌县农家书屋运行与服务

知新村

西山村

新航村　　　　　　　　大市聚村

● 小 将 镇

南洲村

雪头村

三坑村

细心坑村

中溪口村

第三章 新昌县农家书屋运行与服务

朱部村

罗溪村

里东村

迭里村

第三章 新昌县农家书屋运行与服务

金村村

小将新村

里小将村

● 羽 林 街 道

三丰村

三联村

枫家潭村

临江社区

央于村

孟家塘村

年丢村

拔茅村

新中村

新和村

新富村

新旺村

王泗洲村

羽东社区

芦士村

青山社区

第四章　新昌县农家书屋分析与展望

第一节　可持续发展

农家书屋工程是党中央、国务院为农民办的一件实事，是为解决农村群众"看书难、借书难"问题的民心工程，也是加强农村公共文化服务体系建设的重要措施之一。为更好地满足农民群众精神文化需要，使建成的农家书屋资源最大化地得到发挥和利用，需从资金保障、人员保障、制度保障、服务保障等方面入手，科学部署，稳步推进，有效提升农家书屋服务效能，构建长效发展机制，促使农家书屋工程健康可持续发展，推动乡村文化振兴。

一、资金保障

为保证新昌县农家书屋工程建设和运转顺利，应设立农家书屋工程专项资金，列入县财政年度预算。专项资金主要用于图书报刊订购、设施设备的采购和维修维护、活动开展、人员培训以及管理员薪酬等支出。为所有农家书屋更新设备，提升数字化服务水平。统一配备扫码枪，优化通借通还操作流程，并对书屋管理员开展操作技能培训，确保与县图书馆通借通还率达到100%。

二、人员保障

每个农家书屋都应配备相应的管理员,确保农家书屋有序开放。管理员主要负责本村农家书屋管理、借阅登记和开展读书活动等工作,规范群众借阅行为,防止图书的丢失、破坏,为群众提供贴心、周到的服务。定期组织人员业务培训,不断增强农家书屋管理人员的责任意识和提高服务管理能力。

三、制度保障

优化农家书屋管理机制,建立健全各项规章制度。《农家书屋工程专项资金管理暂行办法》《农家书屋管理制度》《农家书屋管理员岗位职责》《图书借阅制度》等内部管理制度的建设,使书屋逐步形成规范有序、健康发展的良好态势,真正意义上发挥农家书屋的公共文化服务效能。

四、服务保障

一是良好的阅读环境。农家书屋的建设在选址上要接地气、贴民心,让村民愿意来、喜欢来。当地地方政府应结合新时代文明实践站、文化综合体等载体,引入多元主体,支持农家书屋建设。争取农家书屋统一标配公共阅览室、亲子阅读室、文化健身活动室,有条件的还应该有电子阅览设备等,以满足广大村民阅读的多元化需求。

二是丰富的书刊文献。农家书屋为农村读者所用，在图书配置上应从农民群众的实际需求和阅读水平出发。在图书采购和配送等方面可采取订单式服务，由村民列出需要的图书清单，采购主体按照各地需求进行采购和统筹分配，为村民送上爱读的、实用的书籍。

三是开展阅读活动。依托农家书屋，积极开展阅读分享、知识科普、村史传承、道德讲堂、知识讲座等文化活动，不断创新服务方式、提升服务效能，做到物尽其用，打通农民阅读的"最后一公里"。

第二节　未来展望

2011年，新昌县完成全县415个行政村农家书屋全覆盖。2019年，新昌县行政村由415个撤并为253个，撤销梅渚镇，与澄潭镇合并为新的澄潭街道；撤销新林乡，与大市聚镇合并为新的沃洲镇；撤销双彩乡，与回山镇合并为新的回山镇；撤销巧英乡，与小将镇合并为新的小将镇。自此，农家书屋根据行政村的规划也合并为253家。2022年，新昌县全县有12个乡镇街道（镇6个、乡2个、街道4个），下辖24个社区、253个村，另有13个乡村居民区。

接下来，新昌县农家书屋在不断地升级改造过程中，应当结合村民聚居情况、文化水平及阅读需求等，因地制宜向中心村落集中，发挥当地特色，整合文化、经济、人力资源优势，打造一批特色书屋，确保农家书屋便民惠民、富有人气、发挥效益，有效助力乡村振兴。

一、因地制宜，打造精品书屋

新昌县，隶属浙江省绍兴市，地处浙江省东部，绍兴东南部，县域面积1213平方千米。2019年11月20日，新昌县乡镇行政区划调整为 6 个镇、2 个乡、4 个街道。地貌特征为"八山半水分半田",是典型的山区县。这里历史悠久、文化积淀深厚,有称为"天姥门户"的班竹村,有远近闻名的"民族村"外婆坑村,有浙江省第一批重点历史文化古村落梅渚村,有穿岩十九峰脚下的雅庄村,也有美丽乡村"网红村"下岩贝村和后岱山村等,这些村落绘就了新昌美丽乡村新画卷。

东茗乡后岱山村农家书屋——"黄金屋"于 2018 年 5 月建成,配备图书 2000 余册、电脑 1 台,图书种类齐全,摆放整齐有序。近几年来,这间上下两层的小书屋已成为当地村民和外地游客静品乡村文化的好去处。

后岱山农家书屋——"黄金屋"

二、共建共享,整合多方资源

自 2013 年起,新昌县因地制宜,将深厚的历史文化底蕴与公共文化服务阵地建设紧密结合，探索具有新昌特色的文化礼堂建设之路。数年来，这些散落在乡村的文化礼堂正以"形神兼备"的全新生命力点亮乡村文明，种下文化的种子，唤起人们深沉的乡土记忆，成为一座座乡村的"文化地标"和村民的"精神家园"。

农家书屋作为农村文化礼堂公共文化服务资源之一，通过常态化组织开展全民阅读进乡村、科技培训、"扫黄打非"主题宣传工作，开展书香陪伴、关爱留守儿童等一些志愿活动，在文化礼堂切实发挥农家书屋基层文化阵地的作用，丰富乡村文化生活的同时，全面提升农民的致富技能。

三、文旅融合，推动乡村文化振兴

在推动乡村文化振兴中，农家书屋工程充分发挥了加强思想文化引领、促进精神生活共同富裕等重要作用，这不仅对农村文化振兴起到"扶智、扶志"的普及作用，而且加强了宣传党的路线、方针和政策，传播先进文化和实用技术，更是为农村干部成长提供政策导向和知识储备。深化农村干部带领群众阅读，引导人民群众养成阅读习惯、提升阅读兴趣，农家书屋需要以高质量的文化供给满足乡村人民群众的精神文化需求，以丰富厚重的阅读推动农村居民精神生活更加富有，为全面建设社会主义现代化国家提供强大的智力支持。

儒岙镇朱路游客中心农家书屋建成于2022年7月，位于天姥山脚下，馆藏图书1500册，便于外地游客驻足停留时品味书香。

儒岙镇朱路游客中心农家书屋

下篇
工作研究

乡村振兴背景下农家书屋可持续发展研究

摘要： 乡村振兴不仅要振兴农村经济发展，也要振兴乡村精神文明建设。农家书屋建设是提高村民科学文化修养、提高乡村文明的有效途径之一，是全民阅读在农村的主阵地、大平台，是对农民群众阅读文化权利的有效保障，也是优化农村基本公共文化服务和助力乡村振兴的有效举措。本文通过对当地县城部分农家书屋的实地调研，主要围绕农家书屋的藏书量、开放时间、图书更新情况、图书借阅情况及书屋管理情况进行调查了解，针对目前存在的普遍问题，结合本地实际，对农家书屋建设下一步工作的开展提供详实的依据和可持续发展策略。

关键词： 农家书屋；运行情况；可持续

乡村振兴战略是习近平总书记在 2017 年 10 月 18 日党的十九大报告中提出的战略。乡村振兴不仅要振兴农村经济发展，也要振兴乡村精神文明建设。农家书屋建设是提高村民科学文化修养、提高乡村文明的有效途径之一，是全民阅读在农村的主阵地、大平台，也是优化农村基本公共文化服务和助力乡村振兴的有效举措。笔者对所在县城农家书屋进行抽样考察调研，掌握实情、发现亮点、找到问题，为今后提升当地农家书屋的建设与发展提供详实的依据和可持续发展策略。

1. 基本情况

1.1 书屋面积

全县各农家书屋自 2007 年开始建设以来，经历过几次乡镇（街道）、行政村的撤销与合并，导致不少农家书屋也跟着变迁。近几年来，随着全县各村文化礼堂和党群服务中心大楼的建设，农家书屋基本落定在村文化礼堂或村委办大楼内。农家书屋的面积，根据各村落实情况，大小不一。本次实地调研的 62 家农家书屋中，面积在 25m² 以下的有 23 家，面积在 25~50m² 的有 20 家，面积在 50~100m² 的有 17 家，面积在 100m² 以上的只有 2 家。

1.2 基础设施配备

各农家书屋多数配有书架或书柜 2~4 个，阅览桌 1~2 张，在门口悬挂农家书屋牌匾，明确开放时间及配备管理员，并在室内张贴了《农家书屋图书管理办法》《图书借阅制度》等规章制度。各农家书屋基本没有配备专用电脑及其他多媒体设备。

1.3 馆藏量及图书更新

图书来源渠道较单一，近三分之一的农家书屋图书藏量维持在 250 册左右，均来源于县行政村农家书屋全覆盖建设时统一配送的农业科技类图书。图书藏量较多的农家书屋基本是县图书馆近几年来帮扶支持的示范点。本次调研的 62 家农家书屋中，图书藏量在 500 册以下的有 22 家，藏量在 500~2000 册的有 14 家，藏量在 2000 册以上的有 26 家。

1.4 图书借阅

农家书屋的读者以老人和小孩为主,主要在室内阅览,借阅率普遍不高。在调研过程中发现,将近一半的农家书屋处于闲置状态,更有少数充当起了仓库。图书借阅都通过手工登记。

1.5 管理情况

农家书屋管理员多以村干部或村老年同志负责管理,没有任何报酬津贴,管理积极性不是很高。因为图书缺乏日常管理,基本都积满灰尘,少数还有泛黄、发霉迹象,卫生状况不佳。

2. 特色亮点

2.1 多功能共享空间

调研中发现,不少农家书屋能充分利用村文化礼堂等多项资源,将展示厅、报告厅、会议室、便民服务中心等与农家书屋整合在同一空间。一是丰富阵地服务内容,二是为农家书屋提供了更宽敞的空间,三是多功能整合提高了场地的利用率,开放使用期间也提高了图书的借阅率,让群众借阅图书更加便捷高效。

2.2 特色书屋不断呈现

古色古香的木质书屋,带小卖部的书屋,设有电子阅览区的书屋,两面为玻璃墙装饰可与城市书房媲美的书屋,一一呈现,带给群众美好的阅读体验。

2.3 管理员无偿志愿服务

农家书屋管理员多为村委村干部兼职,或为村里退休闲职在家人员,没有报酬津贴,都是无偿志愿服务。这是每一位管理员对农家书屋工作的无私奉献和极大支持。

3. 存在问题
3.1 宣传不力
据不完全统计,很多村民并不知道村里有农家书屋的存在,不知道在村里能够借阅图书。农家书屋在建设完后便成了摆设,完全没有发挥出它应有的作用。

3.2 图书缺乏更新
调研发现,约有三分之一的农家书屋所拥有的图书还只是2007-2011年期间农家书屋全覆盖建设时统一配送的图书,数量在200~300册左右,品种单一,且多已陈旧。即使农家书屋正常开放,这些图书对村民也没有足够的吸引力。行政村及乡镇都没有经费保障,县图书馆送书下乡的专项经费对于全县农家书屋的图书更新只是杯水车薪,这导致农家书屋的图书除了每年3~5家的示范点能得到更新外,其他多数农家书屋都无法保障。

3.3 阅读人群少,图书借阅率低
除几家条件相对较好的农家书屋外,其余的基本上形同虚设,每周的借阅量基本停留在个位数。一是图书不够多、不够新,没有吸引力。二是农村的读者人群少,多以老年人和小学生为主,中青年人群多已离开老家在县城工作。三是村里有闲余时间的人更倾向于打牌、看电视、玩手机等娱乐消遣方式,缺少阅读氛围,没有阅读习惯。

3.4 开放时间没有保证
鉴于图书借阅率低,借阅人群少,又没有专职管理人员,导致农家书屋开放时间也很随机,基本没有固定开放时间。

3.5 没有宽带、电脑,无法纳入业务系统
经调研发现,农家书屋内基本没有安装宽带和配置专用电脑,

无法正常纳入公共图书馆业务管理系统。

4. 可持续发展策略

4.1 加大宣传力度

采取多种形式,尤其是通过新闻媒体宣传建设农家书屋的意义,让更多群众了解和利用农家书屋。依托农家书屋开展农民朋友感兴趣的读书会、阅读比赛,让丰富多彩的活动为农家书屋增加人气,努力培养农民群众的阅读兴趣,营造良好的阅读氛围。

4.2 引入多元支持、整合资源

将农家书屋与村级办公活动场所、文化活动室、党员干部远程教育室、特色展示厅等结合起来管理和开展活动,节约建设成本,提高书屋的利用率和综合效能,形成全社会关注并支持农家书屋建设的良好局面。

4.3 保障图书、人员经费

农家书屋的建设和发展离不开各级政府的大力支持,只有各级领导尤其是乡镇领导的重视和参与,才能确保农家书屋长期有效的发展和运行。每年的图书更新费用和人员管理经费应保障到位,从而进一步满足广大村民的阅读需求。依据农村实地情况,重点更新农村种植、养殖、医疗卫生、科普知识、法律、生活休闲等图书品种。

4.4 开展业务培训

加强管理人员培训,采取多种形式帮助农家书屋管理员掌握最基本的图书管理技能,完善图书馆管理制度,实行与公共图书馆统一采编、分类制度,切实提高农家书屋的服务水平。结合村情、民情开展服务,提高服务的针对性和有效性。

4.5 加强示范点建设

继续推进特色书屋和示范点建设。优先选择农民阅读需求较多、基础设施条件较好的村农家书屋，通过改善硬件设施、加强书屋管理、开展阅读活动，进一步提升农家书屋的服务能力和服务水平，从而更好地满足农村居民的阅读需求。

4.6 促进图书流通

随着国家文化惠民政策的不断延伸，公共图书馆服务大提升的要求不断被提高。农家书屋将逐步纳入公共图书馆业务系统，意味着图书将实现在各公共图书馆和各农家书屋通借通还。要加快图书在总馆、乡镇分馆和农家书屋之间的流转，让图书动起来、新起来，不断带给当地百姓新鲜感，激发他们的阅读兴趣。

依托农家书屋建设，在基层农民群众中传播知识、提气聚力，对加强农村公共文化服务体系建设和农村精神文明建设都具有积极的促进作用。农家书屋以人为本、以农民日益增长的美好生活需要为目标的服务理念，体现了党和政府深入实施文化惠民工程、丰富乡村文化活动的具体实践。实现村村都有真正意义上的书屋，让图书借阅成为工作生活的常态，让农家书屋成为农民朋友的"文化充电站"，真正打通文化服务的"最后一公里"，依然任重而道远。

·参考文献·

[1]吴建中.夯实人民群众对公益性公共文化服务的获得感——写在《公共图书馆法》颁布之际[J].图书馆杂志，2017，36(11)：6.

[2]李国新.《中华人民共和国公共图书馆法》的历史贡献[J].中国图书馆学报，2017，43(6)：4-15.

[3]柯平.《中华人民共和国公共图书馆法》全面保障我国公共图书馆体系化建设[J].图书馆建设，2018(1)：19-23，36.

[4]蒋永福，孙红娟.《中华人民共和国公共图书馆法》基本信息解读——基于"明确性信息"和"期待性信息"的解读[J].图书馆建设，2018(1)：44-47，53.

[5]权菊玲.浅议农家书屋管理问题[J].农村.农业.农民(B版).2011(07)：21.

[6]刘妮丽，邓华.农家书屋助力乡村振兴[N].中国文化报，2018-03-10.

[7]孙勤.区县公共图书馆主导"农家书屋"工程建设的实践与思考——以杭州市萧山区"农家书屋"工程建设为例[J].图书馆，2013(02)：117-119.

[8]王宗义.农家书屋建设与图书馆社会服务体系研究——由农家书屋可持续发展问题引发的思考[J].图书与情报，2010(04)：13-20，65.

（原载《锦绣》2021年第12期）

公共图书馆与农家书屋融合发展策略探析

摘要： 公共图书馆与农家书屋是公共文化服务体系的重要组成部分，在保障农村群众文化权益、培育文明乡风、推动全民阅读等多个方面都发挥着重要作用。笔者就如何整合资源、如何更大程度地促进资源利用等提出可行性发展策略，促进两者进一步融合发展，有效提升图书馆服务效能等。

关键词： 公共图书馆；农家书屋；融合发展；策略

公共图书馆与农家书屋是公共文化服务体系的重要组成部分，在保障农村群众文化权益、培育文明乡风、推动全民阅读等多个方面都发挥着重要作用。农家书屋的建设与发展顺应了全民阅读时代的发展趋势，它改善了农民群众买书、借书和看书难的问题，让农民群众享受借阅服务，从书屋中的阅读资源来充实精神世界，满足他们的文化需求，让社会主义精神文明建设在农村及偏远地区得到一定的发展。但在农家书屋的正常运行和发展中，仍存在着图书更新滞后、利用率低，管理员缺乏专业技能等种种问题。公共图书馆可利用自身的馆藏资源、人力资源等，助力农家书屋良性发展的同时，两者应以融合发展的思路，在提高图书馆利用率和推动全民阅读工作中达到双赢效果。

1. 公共图书馆与农家书屋融合发展的可行性

1.1 总分馆服务体系的推行

2017年文化部、国家新闻出版广电总局、国家体育总局、国家发展和改革委员会、财政部五部门印发的《关于推进县级文化馆图书馆总分馆制建设的指导意见》指出：通过县级图书馆总分馆制，整合县域内的公共阅读资源，实行总馆主导下的文献资源统一采购、统一编目、统一配送、通借通还和人员的统一培训；总馆对分馆的管理重在业务指导和资源调配；推动农家书屋与县级图书馆资源整合和互联互通。将公共图书馆与农家书屋相融合，可以避免资源浪费与重复建设，使两者可以更好地发挥自身的文化服务作用。

1.2 公共图书馆与农家书屋的发展的共性需求

随着社会经济的发展，我国农村已经摆脱贫困，人们对文化建设和精神生活的需求不断提高，进而对公共图书馆建设和服务提出更高的要求。公共图书馆作为知识和信息聚集、传播、交流、共享的枢纽和门户，要实现服务的普遍均等和全覆盖，只有深入基层，不断拓展和延伸馆外服务，与农家书屋协调发展，才能使广大人民群众公平享受社会文化资源，最大限度地满足社会不同层次人群的精神文化需求。

2. 农家书屋发展中存在的问题

2.1 资金短缺

农家书屋作为基层公共文化服务设施，需要稳定的资金来支持其运行，包括图书购买、设施维护、管理员工资等方面的支出。在农家书屋建成后，运行资金得不到保障，导致农家书屋运营困难。

2.2 资源匮乏

农村地区的图书、报刊和数字资源相对匮乏，多数农家书屋的藏书种类和数量非常有限。村民在书屋里很难找到自己感兴趣的图书，大大降低了农家书屋的利用率。

2.3 设施落后

农家书屋的面积相对偏小，设施设备条件普遍较差，无法提供一个舒适的阅读环境，读者的阅读体验感不佳。

2.4 管理人员不专业

农家书屋的管理员大多来自当地村民，文化程度普遍不高，又没有外出学习的机会，服务水平低下，不利于农家书屋工作的开展。

2.5 推广力度不够

由于缺少推广和宣传，当地很多村民不了解农家书屋的服务，甚至不知道有农家书屋的存在，大大降低了书屋的利用率。

3. 公共图书馆与农家书屋融合发展策略

3.1 拓宽资金来源

一是当地财政资金的投入。农家书屋作为公共文化服务基层点，是一项公益事业，政府相关部门应该给予一定的资金支持来保障平稳运行。二是村里的资金保障。各行政村根据自身情况，对于农家书屋工作的开展应予以重视，为村民文化阅读活动提供好场所。三是鼓励社会力量的资金支持。通过乡贤、企业家等捐赠或资助，购置设施设备或捐赠书籍等，优化农家书屋配置，提升阅览环境质量。

3.2 共享馆藏资源

一方面，公共图书馆设施设备先进，服务手段更加现代化，且在馆藏资源上具有较大的优势。数据库资源也相对丰富。公共图书馆不仅能为农家书屋提供充足的图书、报刊等纸质文献，还可以通过现代化技术手段把馆藏数字资源共享给农家书屋，让村民在家门口也能享受到公共图书馆的服务。另一方面，农家书屋处于当地行政村，便于收集村里出版或印制的村志、内刊、手抄本等重要地方文献资料，可同步共享给公共图书馆，实现资源共建共享。

3.3 统一人员培训

公共图书馆负责图书总馆、乡镇分馆、主题分馆、农家书屋基层服务点等一体化常规培训，进一步规范农家书屋建设、管理和使用，提高各层级图书管理员的业务素质和服务水平。同时加强分馆、农家书屋管理员与总馆工作人员间的工作交流，相互之间分享工作经验，结合工作中遇到的实例，切实提出合理意见和解决办法，逐步改进和完善工作方法，提升公共图书馆服务效能。

3.4 实行规范化管理

建立完善书屋借阅、管理制度，出台《农家书屋管理制度》《农家书屋图书借阅管理制度》《农家书屋图书管理员职责》等规范书屋管理的制度，确保有序运行。当前，农家书屋不仅设施条件参差不齐，开放管理也是各管各村，存在着较大的随意性。有关部门需要加强监督和管理，将农家书屋开放管理纳入年度绩效考核，切实提高农家书屋的服务水平，让读者能感受到家门口图书馆的美好阅读体验。

3.5 开展当地特色化服务

推行特色化建设，打造"农家书屋＋咖啡吧""农家书屋＋乡村旅游综合服务点""农家书屋＋科普平台"等多种"农家书屋＋"模式，让人民群众在享受乡村旅游的同时也享受到书籍带来的"文化粮食"。

结　语

公共图书馆与农家书屋融合发展有助于激发农家书屋的服务潜能，进一步拓展公共图书馆服务范畴，打通城乡一体化公共图书馆服务体系建设的"最后一公里"，实现公共图书馆的均衡化发展，满足群众日益增长的对文化信息的需求，进一步推动全民阅读深入开展。

·参考文献·

［1］张伟丽.浅谈公共图书馆对中小学图书馆建设的支持——以安徽省图书馆为例［J］.发明与创新（职业教育），2019(02)：112-114.

［2］杨杰.基层图书馆助力"农家书屋"可持续发展探析——以辽宁地区"农家书屋"为例［J］.图书馆学刊，2014，36(4)：60-62.

［3］王宝芝.公共图书馆助推农家书屋建设探微——以辽阳市宏伟区图书馆为例［J］.河南图书馆学刊，2013，33(4).

［4］向宏华.乡村振兴背景下公共图书馆与农家书屋融合发展研究［J］.图书馆工作与研究，2022(9)：97-103+112.

［5］陈庚，张红梅.乡村振兴战略下的农家书屋可持续发展研究［J］.图书馆，2020(3)：43-48.

［6］王雄青.新发展理念视域下农家书屋高质量发展策略探究［J］.图书馆建设，2020(S1)：16-19.

（原载《前沿科学》2023年第21期）

新时期乡村图书馆建设研究

摘要：随着新时期全民阅读工作的推广和阅读服务的全面提升，乡村图书馆为基层群众的公共文化服务提供了极大便利。乡村图书馆是乡村精神文化重要阵地和科技兴农的重要窗口，是最接近农村、农民，最了解农民的村级文化、教育和信息交流中心，在乡村文化振兴中发挥着不可替代的作用。通过简述我国乡村图书馆的发展历程、价值体现，剖析当前乡村图书馆所存在的普遍问题，提出新时期乡村图书馆发展策略，充分发挥基层图书馆的社会服务效能。在信息技术快速发展的新时期，如何建设好乡村图书馆，进一步丰富广大群众的美好阅读体验，是需要深入研究的问题。

关键词：新时期；乡村图书馆；建设

随着新时期全民阅读工作的推广和阅读服务的多样化提升，乡村图书馆为基层群众的公共文化服务提供了极大便利。乡村图书馆是乡村精神文化重要阵地和科技兴农的重要窗口，是最接近农村、农民，最了解农民的村级文化、教育和信息交流中心，在乡村文化振兴中发挥着不可替代的作用。通过简述我国乡村图书馆的发展历程、价值体现，剖析当前乡村图书馆所存在的普遍问题，提出新时期乡村图书馆发展策略，充分发挥基层图书馆的社会服务效能。本文所研究的乡村图书馆，是指设立在乡村地区，由政府主办或社会力量兴办、协办，为乡村群众提供文献信息查询、借阅及相关服务的公益性文化设施，包括乡镇图书馆（室）、村图书室，也包括具有公共图书馆职能的基层信息文化机构，如农家书屋、民办图书馆等。

一、我国乡村图书馆发展历程

1. 民国时期

1912年丘哲等人创办了中国最早的乡村图书馆——松口图书馆，1914年荣德生创办了第一个最正规的乡村图书馆——大公图书馆，1928年李日垓等人创办了中国最大的乡村图书馆——和顺图书馆等。同期，乡村图书馆迅速发展，至1916年，全国共建成乡村图书馆237所，1918年建成286所，1934年猛增至1002所，占当年全国图书馆总数的35.5%。民国时期的乡村图书馆，在提高农民文化素质，推动农村社会进步方面发挥了积极作用，为乡村生活注入了新的活力。

2. 新中国成立至今

截至1986年底，全国已建成53519个乡镇文化站，乡镇群众的文化权益得到初步保障。21世纪以来，随着经济的发展，乡村图书馆建设和发展得到了良好的机遇。截至2017年年底，全国建设县级公共图书馆2753家，乡镇综合文化站33997个，基本实现了"县有图书馆、乡镇有综合文化站"的发展目标。2016年《中华人民共和国公共文化服务保障法》、2017年《中华人民共和国公共图书馆法》

相继颁布，分别对地方基层政府设立乡镇（街道）、村（社区）图书馆进行规定，为乡村图书馆的建设提供了法律依据。县、乡镇（街道）、村（社区）各级图书馆建设更加有序稳定的发展，为满足乡村居民阅读需求和公共文化服务权益的实现提供了最佳的去处。

二、乡村图书馆建设的价值体现

乡村图书馆的建设，不仅为农村提供了丰富的阅读资源，推进全民阅读深入发展，也促进了当地文化事业的发展。通过引入优秀的文化资源，让当地村民有机会接触到更多的文化元素，促进文化交流，增强文化自信，提高综合素质。同时，图书馆也成了一个文化交流的平台，促进了农村与城市、乡村与乡村之间的互动和交流，进一步丰富了中国文化的多元性，也推动了乡村经济的发展。

1. 推动全民阅读，丰富农村群众文化生活

乡村图书馆的建设进一步推动全民阅读走进乡村、走进村民。把图书馆建到老百姓的家门口，让村民就近享受到图书借阅的美好体验。精选农业种植、健康养生、休闲娱乐、文学名著、少儿绘本等适合农村群体的图书，优化设施设备，提供舒适的桌椅，打造新型阅读空间，引导读者多读书、读好书、善读书，培养好阅读兴趣。通过开展讲座、展览、读者沙龙等阅读推广活动，丰富乡村群众文化生活，满足村民不断增长的精神文化需求。

2. 促进文化传播，为村民提供一个文化交流的场所

乡村图书馆作为我国公共文化服务体系的重要组成部分，在乡村文化建设中发挥着重大的文化引领和支撑作用，是推进乡村文化

繁荣发展的主力军。乡村图书馆是乡村文化振兴的重要阵地，也是文化信息交流的重要场所。通过结合当地的风俗文化开展各类传统文化活动，展示当地乡村特有的手工艺品、民俗非遗等传统工艺，汇聚本地历史人文故事、红色教育等，充分发挥乡村图书馆社会教育和文化传播功能。

3. 带动产业振兴，帮助村民创收

乡村图书馆向广大村民提供农科类相关书籍，开展专业技能培训和科普讲座等，向村民推广普及农技知识，提高种养殖水平和生活技能。通过定期或不定期的学习分享，进一步提高综合文化素质，扩大知识面，拓展就业范围，从而在一定程度上使农民创收。

三、乡村图书馆发展中存在的主要问题

1. 重建设，轻管理

近年来，随着我国经济水平的不断提高，文化建设迅速发展，乡村公共文化水平和乡村群众的文化素养显著提高。乡村图书馆是公共文化服务的重要保障，是提升当地文化品位的一个重要窗口。由于地方政府财政相对困难，乡村图书馆数量基数又大，所以很难为所有乡村文化建设提供持续的专项资金，这就导致乡村图书馆的电子阅览室、书刊借阅区等相关配套设施不完善，以及图书资源匮乏、流通性不强、更新不及时等问题。据调查，各地每年仅能保障对一小部分乡村图书馆的图书、设备进行更新、提升，这对于整个乡村图书馆系统化建设而言远远不够。

2. 同质化明显，创新不足

当前多数乡村图书馆仍停留在传统服务，像农家书屋等，大多只提供一间小小的书屋，书架上是久未更新的书籍，种类数量也不多，再加上几个阅览座席，这便构成了简陋的乡村图书馆。限于场地面积，阅览空间也无法拓展，图书藏量不超过几千册，导致图书品种不够丰富，这样的状态无法激发群众的阅读兴趣，这就需要乡村图书馆发展模式的创新，突出个性化、特色化发展，从而吸引读者的到来。

3. 缺少文化专业人才

除少数民办或个人创办的乡村图书馆，其余乡村图书馆大多设置在乡村综合文化设施内，管理人员一人多岗，基本为兼职图书管理员。对乡村图书馆有限的经费投入，无法保证图书管理员薪资待遇，吸引不了文化专业人才。据调研，担任乡村图书馆管理员的多为村里退休老人或村干部在值班值守时兼职管理等。专业化人才的缺失导致乡村图书馆的管理和服务工作只停留于图书传统借还阅览，在读者咨询服务、阅读推广活动、图书馆资源宣传方面无法拓展，与其他公共图书馆、基层馆的交流也几乎为零，十分不利于乡村图书馆事业的发展。

4. 社会力量参与不足

近年来，随着政府职能的转变，加强与社会力量的合作是公共文化事业未来发展的趋势。各级社会力量也开始走进基层公共文化服务领域。作为主要由政府主导的公共文化工程，乡村图书馆在自身管理能力不足的情况下，亟需社会力量的参与。然而，受限于经费、专业技术人员等条件因素，合作力度不大，这需要政府进一步加强引导。

在乡村图书馆的管理、运营和人员安排上，需通过第三方来全面完善。另外，也需要通过宣传、正面引导等，吸引乡贤、企业家等各界社会人士参与，共同助力乡村图书馆建设。

四、新时期乡村图书馆建设策略

1. 完善乡村图书馆运行保障机制

建立乡村图书馆运行保障机制是保障乡村图书馆稳定运行的前提。一是资金保障机制。乡村图书馆建成后，日常开放将涉及多方面的开支，图书更新、设施设备的维修维护以及管理人员的工资支付都应考虑在内。乡村图书馆不仅要建设好，还要运行好管理好，保障有序稳定发展。二是开放管理机制。乡村图书馆管理模式可不做统一要求，但作为公共文化基层服务点，在运营管理上要做到专业化、规范化管理，从开放时间、服务水平以及馆藏资源上都要有标准，充分保障村民群众的公共文化权益。通过与上级公共图书馆形成总分馆服务体系，实现文献资源共建共享、图书通借通还，为读者提供便利服务。三是将乡村图书馆的发展纳入当地乡村振兴发展规划。充分发挥政府职能，协调各部门整合相关资源，保障乡村图书馆的建设与稳定运行，促进当地乡村经济、文化、教育等得到全面提升。

2. 挖掘特色文化，强化特色乡村图书馆建设

结合当地实际，开展当地特色化乡村图书馆服务。不断优化乡村图书馆选址、设计，更新基础设施，打造特色乡村公共文化空间，确保人民群众的基本文化权益。联合社会组织探索创新"1+X"服务

模式，挖掘和拓展新的服务功能。因地制宜，打造"乡村图书馆＋咖啡吧""乡村图书馆＋乡村旅游综合服务点""乡村图书馆＋科普平台""乡村图书馆＋便民服务中心""乡村图书馆＋电商""乡村图书馆＋民宿"等多种运营模式，让人民群众在享受各项便民服务的同时也享受到书籍带来的"文化粮食"。参与乡村文化建设，通过挖掘、整理、展示当地物质和非物质文化遗产以及当地名人事迹等，将乡村图书馆打造成为传统文化展示中心，进一步发挥基层图书馆社会教育、文化传承的职能。

3. 重视人才引进，提高服务水平

乡村图书馆要加强文化人才队伍建设，以乡村文化振兴为契机，积极搭建学习平台，打造一支年龄结构合理、知识储备较为丰富的管理队伍。加强图书采访、编目、流通和阅读指导、活动推广等多方面图书馆工作专业培训，掌握一定的地方历史文化及文化旅游产业知识，对如何建设书香农村、服务乡村振兴有清晰和系统的感性认识。重视乡村基层干部、退休同志、老党员、乡村手艺人、非遗传承人等老同志的"传帮带"引领作用，积极发挥他们的榜样力量，培养好新一代文化干部，鼓励年轻同志积极创新，敢闯敢拼，出金点子出亮点，切实提高乡村图书馆服务水平。

4. 加强引导，吸引社会力量参与

在乡村图书馆的发展中，充分发挥好政府、市场与社会的作用，鼓励和引导各类企业、社会组织和个人等社会力量积极参与到乡村图书馆建设中。一方面，广泛发动和凝聚各方面社会力量，借助行业的优势推动创新发展，提升乡村图书馆的服务效能。在各地财政

有所保障的前提下,引进第三方社会力量合作运营,不断探索乡村图书馆发展新路径,实现双方共赢。另一方面,政府通过激励机制,发挥广大志愿者队伍的力量,投入到乡村图书馆服务,深入开展全民阅读推广工作,共同营造良好阅读氛围,提高社会力量参与到公共文化事业的积极性和稳定性。

结 语

乡村图书馆的建设是一个长期的过程,需要多方的共同努力。乡村图书馆的意义不仅在于提供阅读资源,更在于挖掘、保护、传承和弘扬乡村文化。通过建设优美舒适的图书馆,让乡村文化焕发出新生,让更多的人了解和关注中国乡村文化,这也是我们每个人应该肩负的责任。随着我国图书馆事业的发展,乡村图书馆建设也面临新的挑战与机遇。针对当前乡村图书馆存在的发展缓慢、建设同质化、人才缺失、社会力量参与不足等各种问题,在乡村图书馆建设中应融合农村文化建设理念,完善乡村图书馆建设形式,加大资金投入与宣传力度,优化管理内容与模式,发挥政策引导的作用,与第三方社会力量合作共建等多种举措并举,有效提高图书资源利用效率,加强政府组织管理与引导,完善服务保障机制,开拓特色化发展思路,积极探索新型发展路径,推动乡村图书馆健康稳定可持续发展。

·参考文献·

[1] 王贵海.辛亥革命时期我国图书馆事业的发展与特点[J].图书情报工作,2012,56(21):53-56.

[2]闫小斌.新时代农村图书馆建设：从保障基本权利到创新发展[J].图书馆建设,2020(03)：108-114.

[3]邓银花.基于乡村振兴战略的乡村图书馆发展路径研究[J].图书馆,2021(03)：21-27.

[4]段亚妮.乡村振兴视域下基层图书馆的发展路径[J].河南图书馆学刊,2020,40(02)：120-122.

[5]陈子君.乡村振兴战略背景下基层图书馆的角色转换分析[J].图书馆,2020(08)：58-61.

[6]赵娜娜.乡村图书馆"1+X"创新服务模式探究[J].图书馆理论与实践,2018(06)：26-29.

[7]黄小兰.乡村振兴战略下乡村图书馆发展路径研究[J].河南图书馆学刊,2019,39(03)：130-132.

[8]邱翠云,韦美良.乡村振兴战略下乡村公共阅读空间建设策略研究[J].图书馆工作与研究,2022(06)：101-108.

[9]黄春花.基于丰富基层图书馆服务助力乡村振兴的思考[J].产业与科技论坛,2022,21(06)：271-272.

[10]曹勇.浅谈乡村图书馆参与乡村振兴的发展路径[J].黑龙江档案,2022(02)：301-303.

[11]李超.乡村振兴战略背景下乡村图书馆高质量发展研究[J].图书馆界,2022(02)：68-73.

（原载《新教育时代》2024年第15期）

智慧图书馆环境下馆员信息素养能力提升研究
——以公共图书馆为例

摘要： 智慧图书馆时代的到来，也促使图书馆各项工作向现代化、数字化发展，作为重要的一环，馆员的角色也将随之改变。公共图书馆馆员应深刻认识到，信息素养是提升其个人综合素养、适应时代发展的必备技能，也是提升公共图书馆社会服务效益的重要一环。智慧图书馆是一种数字化、智能化的图书馆，采用信息技术手段，将传统图书馆进行数字化、网络化改造，并结合现代化的管理和服务模式，为读者提供高效、便捷、个性化的阅读服务和知识管理，从而促进社会的发展和进步。与此同时，图书馆馆员的信息素养和服务能力也遇到了前所未有的机遇与挑战。公共图书馆馆员应深刻认识到，信息素养是其提升个人综合素养、适应时代发展的必备技能，也是提升公共图书馆社会服务效益的重要一环。馆员应适应时代发展需求，利用先进的技术手段和服务方式，为读者提供更加智能的阅读体验和服务。面对不同层次的读者，馆员在与读者的沟通与交流中需要不断提升自己，从而潜移默化地提高读者的信息素养，推动社会进一步发展。本文通过阐述智慧图书馆的内涵和特征，分析智慧图书馆环境下公共图书馆馆员的信息素养能力现状及存在问题，并就如何提升智慧图书馆馆员信息素养能力提出具体策略，旨在推动公共图书馆智慧化服务可持续发展。

关键词： 智慧图书馆；馆员；信息素养；公共图书馆

1. 智慧图书馆的内涵和特征

1.1 智慧图书馆的内涵

2003年，芬兰学者艾托拉（Aittola）提出智慧图书馆（Smart Library）的概念：智慧图书馆是读者可以感知的、由智能技术与智能设备构成的无空间限制的移动图书馆。国内对智慧图书馆服务探索较早的是上海图书馆于2005年开展的手机图书馆移动服务。此后，智慧图书馆引起了国内外学者的高度重视，大批学者投入到智慧图书馆研究中。以国内学界为例，学者严栋认为，智慧图书馆是以一种更智慧的方法，通过利用新一代信息技术来改变用户和图书馆系统信息资源相互交互的方式，以便提高交互的明确性、灵活性和响应速度，从而实现智慧化服务和管理的图书馆模式；学者王世伟指出，数字化、网络化和智能化是智慧图书馆的信息技术基础，人与物的互通互联是智慧图书馆的核心要素，而以人为本、绿色发展、方便读者则是智慧图书馆的灵魂与精髓。综上所述，智慧图书馆是利用物联网、云计算、大数据等先进技术，实现智能管理，提供智慧服务的新型图书馆服务模式。

1.2 智慧图书馆的特征

智慧图书馆是一种数字化、智能化的图书馆，采用信息技术手段，将传统图书馆进行数字化、网络化改造，并结合现代化的管理和服务模式，为读者提供高效、便捷、个性化的阅读服务和知识管理。

1.2.1 互联性

智慧图书馆的基础在于全面感知和互联互通，通过网络工具实现图书馆内部以及与外部信息的全面互联。通过互联网技术将各种具有独立性的文献信息与读者、管理人员等进行互联，将所有的信息进行串联，实现读者与管理、前后台的相互智能连接，实现知识的共享，这才是智慧图书馆的最终目的。因此，智慧图书馆为读者实现一体化和全方位的服务，将知识、管理互联，为读者解决相关问题，并在此过程中大大提高了工作效率，让馆员的服务更为周到，同时也让读者享受到更加便捷的对知识的利用。

1.2.2 高效性

社会发展日新月异，传统图书馆的管理问题较为突出，主要体现为服务效率较为低下。随着图书馆事业的发展，便利、高效的服务和管理是智慧图书馆的发展趋势。通过现代化高科技手段，实现图书馆业务的突破以及增强图书馆的管理，大大提高工作效率，为读者提供高质量的服务。智慧图书馆的发展在图书馆的各项管理和服务工作中将起到举足轻重的作用。

1.2.3 便利性

智慧图书馆将在传统图书馆始终坚持"以人为本，服务至上"服务理念的基础上，努力实现让每一位读者获得更满意的服务，享受智慧图书馆带来的便利。智慧图书馆将为读者的学习、生活和工作都带来更佳的阅读体验，大大提高时间和资源的利用率，同时节省时间成本。

1.2.4 数字化、网络化、智能化

智慧图书馆通过数字化、网络化、智能化等技术进一步实现信息资源共享、阅读便利、服务贴心、数据化管理、教育教学支持、

学习共享和成本节省等。

1.2.5 互联互通

智慧图书馆利用现代化科技实现更多、更全的互联，使图书馆进一步实现智能化管理，让读者随时随地便于利用图书馆的信息资源。

1.2.6 智能化

大量现代化科技化工具的运用，使图书馆智能化管理和服务水平全面提高，不仅让馆员从繁琐的工作中解脱出来，同时也为读者利用图书馆提供更多便利。

1.2.7 个性化

智慧图书馆将虚拟社会和现实社会联系起来，打造全新阅读模式，为读者提供更全、更佳的个性化服务，享受到美好的阅读体验。

1.2.8 人性化

现代化高科技的运用使智慧图书馆也变得更加人性化。坚持以人为本，始终以读者的需求为首要考虑的发展方向，实现智慧图书馆高质量可持续发展。

1.2.9 绿色发展

智慧图书馆将实现绿色低碳的可持续发展战略，进一步降本增效，在图书馆事业中始终坚持以绿色发展和数字惠民为本质追求。

2. 公共图书馆馆员信息素养能力现状

智慧图书馆时代的到来，也促使图书馆各项工作向现代化、数字化发展，馆员作为重要的一环，其角色也将随之改变。公共图书馆员应深刻认识到，信息素养是其提升个人综合素养、适应时代发展的必备技能，也是提升公共图书馆社会服务效益的重要一环。面对不同层次、不同需求的读者，馆员需要具备较高的自身信息素养，主动通过各种方式提供服务，在与读者的沟通与交流中不断提升自己，从而潜移默化地提高读者的信息素养，促进社会信息化发展。调查发现，图书馆馆员在信息素养能力方面普遍存在不足，急需提升。

2.1 信息敏感度不够

图书馆信息系统庞大，为满足现代化高科技发展时代读者的需求，馆员需要学会从信息角度出发，具备一定的信息敏感度，平时应加强自身学习，不断拓展知识面，丰富自身的知识储备。在实际工作中，许多馆员对于信息的重要性认识不足，缺乏主动获取、整理和利用的意识，导致图书馆信息资源建设滞后。在多元化的信息时代，没有充分的信息意识和快速的信息提取能力，就无法满足读者对于各类信息的个性化需求，导致图书馆服务效能低下。

2.2 知识领域较为单一

在传统图书馆服务时期，对馆员的学科涉足面并没有较高的要求，各自分工存在相对的独立性。不同的社会环境和技术条件下，图书馆事业的发展也会随之而变。在20世纪90年代之后，则更多要求馆员具备一定的信息科学专业知识，以及更为宽泛的知识体系。因缺乏信息知识的积累和系统学习，现代馆员利用信息技术、工具进行信息检索的服务能力较弱。长期以来，公共图书馆的工作往往根据部室归属，相对较为清晰，各业务部室承担的工作内容较单一，如负责图书采编的馆员就做采购、编目，负责阅读推广的馆员就以活动策划为主，这导致馆员们在工作实践中获取的知识信息和能力提升上方向单一，不利于全面系统科学地学习、利用，在信息化时代不利于自身综合素养的提升。

2.3 信息化专业水平不高

经了解，图书馆馆员所学学科中，图书档案学、历史学和中国语言文学等占了较大比重。信息素养的相关学科普遍学得较少，导致图书馆行中信息化人才队伍不够壮大。现如今，信息技术的知识面广、内涵丰富、更新发展迅速，对于图书档案管理学科方向的馆员来说，不经过全面体系化的深入学习，信息化专业性是不够的，这导致在开展信息化服务过程中无法提供全面精确的信息，从而影响读者在图书馆的阅读体验以及图书馆的服务满意度评价。

2.4 创新能力不足

智慧图书馆的到来，对馆员各方面能力要求也有所提高，创新能力尤为重要。在如今科技高速发展的时代，馆员们需要利用新技术、新媒介不断创新，开辟新思路，从而推动智慧图书馆可持续发展。比如，为吸引更多读者，可以开展各类创新活动和展览，利用馆藏数字资源开展创新在线阅读活动等。经调研，一些馆员习惯于图书馆的传统服务模式，安于现状、不思进取，工作理念陈旧，缺乏主动性，创新力不足，也就跟不上时代的脚步，无法为读者提供优质满意的服务。

3. 智慧馆员信息素养能力提升的有效途径

在信息化时代的今天，图书馆员应努力强化自身各项学科知识及技能，并能熟练应用信息技术，尤其是计算机网络技术，能进行信息的收集、加工及处理，建设和利用好图书馆文献资源。图书馆馆员是图书馆事业的灵魂，许春漫等认为："只有那些具有一定学科背景知识并经过图书情报专业训练，既能为用户提供个性化、专业化、集约化知识服务，又能培育用户智慧能力的图书馆员才能胜任智慧服务工作，这样的馆员才可称为智慧馆员。"杨文建等结合图书馆服务定位，提出智慧馆员应积极投身教育教学，有效支撑科研创新，某种情况下智慧馆员是服务能手、数据专家、学科行家与科研达人的复合体。

3.1 培养专业性，树立职业精神

图书馆员需要不断走向专业化，对自身的工作岗位和工作内容需要具备一定的专业性，并具备一定的职业素养，充分体现在服务意识、人文关怀、尊重知识、热爱图书、倡导阅读以及宽容、公正、平等的意识。多元化时代的今天，馆员还需有专业知识的储备，体现出图书馆专业化和规范化服务。面对读者的咨询，始终要做到积极热情、思虑周全、专业高效，努力为读者提供满意的服务。

3.2 融合工作实践与研究，提高创新意识

馆员的创新思路来源于平时工作的积累与思考，在数字化、信息化时代，如何更高效、更便捷地为读者服务，是工作创新的立足点。在工作实践中，需要不断创新工作思路，利用新科技、新技术改进工作方式方法，针对不同层次读者的需求，有效开发、分析和利用信息资源，提供一定层面的智慧化服务。

3.3 丰富学习培训手段，形成长效学习机制

智慧图书馆环境下，图书馆应持续开展继续教育，完善培训机制，为馆员创造良好的学习条件和机会，强调同行间"传帮带"作用，丰富学习方式，线上线下学习并重，引导广大馆员积极主动地学习，不断更新新技能、新知识。

一是积极开展馆员继续教育，强化学习和培训。派遣馆员外出学习或邀请同行专家现场授课，鼓励馆员跨专业、跨部室交流学习，促进知识储备多元化。二是安排馆员参与馆际交流，学习最新的技术和服务模式，并予以推广学习。三是结合线上线下模式，鼓励馆

员自主学习，边工作边学习，在继续教育上下功夫，并在工作实践中不断提升。

3.4 建立绩效考核体系，强化激励机制

图书馆通过建立绩效考核制度，强化内部激励机制，鼓励信息素养能力强的馆员到关键岗位或部门，参与到公共数字文化资源建设和对外信息咨询服务中，从而提升图书馆社会服务效益。为激励馆员，围绕智慧图书馆环境下馆员能力素养所应达到的标准，制定相应的绩效考核工作目标，对完成目标或荣获相关荣誉的馆员，单位可给予一定奖励，并在职务晋升、年度考评时予以优先考虑。

一是建立和完善考核机制。首先要制定严谨完整的各项工作制度，并严格执行。对每个岗位的职责有所明确，对应相关考核人员和岗位。考评需结合实际工作内容，综合工作效率、工作质量等方面综合考量。二是强化内部激励机制。通过物质奖励等方式，充分调动馆员的积极性和自信心，提高工作热情，同时也能激发馆员自我完善的动力，形成赶学比超的浓厚氛围。

▶▶▶ 结　语

智慧图书馆的数字化转型和智能化服务不仅提高了图书馆的工作效率和服务质量，提供了更加便捷、高效和智能化的服务，也为读者带来了全新的阅读体验和知识管理方式。同时，智慧图书馆的到来也为馆员的发展提供了新的挑战和机遇。传统图书馆馆员较多存在信息化水平不高、信息意识不强、知识结构单一、创新开拓能力缺乏等诸多问题。为更好地适

应现代化科技环境，馆员们应不断加强新知识与新技能的学习，不断更新完善知识体系，提升自身的信息素养，拓宽思路，勇于探索，不断创新，充分利用好新技术开展各项服务，以尽快实现从传统馆员到智慧馆员的转变。智慧馆员需要在工作实践中不断突破创新，以实现图书馆的智慧化服务，促进图书馆事业快速、高效、高质量发展，推动公共文化事业上一个台阶，从而促进社会的发展与进步。

·参考文献·

[1]王君.智慧图书馆时代高校图书馆员职业能力建设策略研究[J].图书馆建设，2019(S1)：103-106,115.

[2]严栋.基于物联网的智慧图书馆[J].图书馆学刊，2010，32(7)：8-10.

[3]王世伟.未来图书馆的新模式——智慧图书馆[J].图书馆建设，2011(12)：1-5.

[4]秦艳姣.浅谈智慧图书馆趋势下馆员核心能力的提升[J].湖北第二师范学院学报，2020，37(6)：104-108.

[5]周琼.智慧图书馆构建馆员职业素质能力的培养[J].河南图书馆学刊，2020，40(7)：125-126，132.

[6]许春漫，陈廉芳.高校图书馆智慧服务模式下智慧馆员队伍的建设[J].情报资料工作，2014(1)：87-91.

[7]杨文建，邓李君.人工智能与智慧图书馆空间变革[J].图书馆工作与研究，2020(8)：5-12.

[8]李欣悦.浅谈新时期图书馆员的素质要求及提升途径[J].河南图书馆学刊，2019，39（6）：93-95.

[9]李惠娜.图书馆员数智素养及其培育路径研究[J].图书馆，2023(9)：47-52.

[10]周尧.素质模型下图书馆馆员队伍建设研究[J].黑龙江科技，2021(12)：154-155.

[11]唐敏.基于智慧图书馆智慧馆员评估的馆员建设[J].智库时代，

2019(13)：186，188.

［12］郑怿昕,包平.智慧图书馆环境下馆员核心能力研究［J］.图书馆理论与实践，2017(1)：7-11.

［13］李后卿,董富国.智慧图书馆服务实现策略探析［J］.图书馆，2016(5)：80-84.

［14］赵霜.大数据时代图书管理员的角色定位和素养提升［J］.文化产业，2021(1)：95-96.

（原载《黑龙江史志》2023年第5期）

县级公共图书馆少儿读者服务的现状与思考

摘要： 阐述了县级公共图书馆开展少儿读者服务的重要性，通过分析我国县级公共图书馆少儿读者服务的现状，提出如何提升少儿读者服务工作的思考。

关键词： 县级公共图书馆；少儿读者服务；对策和建议

少年儿童是图书馆的重要服务对象，尤其是现在全面宣传阅读、人人重视阅读的环境下，图书馆无疑成了少年儿童的"第二课堂"。公共图书馆开展少儿阅读服务工作，是利在当下、功在千秋的伟大事业。《公共图书馆宣言》中提出："公共图书馆要帮助少年儿童从小培养并加强阅读习惯，激发其想象力和创造力，促进他们对文化遗产和艺术、科学成就和发明创造的认识和了解。"公共图书馆作为广大读者服务的精神文明建设阵地和社会文化教育机构，肩负着为少年儿童多读书、读好书，全面提高少年儿童的综合素质的重任。目前很多地区都建设独立的少儿馆，能更优质、更完善地来为少儿读者服务，然而从县级地区来看，一般只能在公共图书馆内开设一个少儿读书室，为少儿提供服务。

1. 县级公共图书馆少儿读者服务的现状

1.1 服务起步较晚

我国公共图书馆少儿读者服务起步较晚，发展迟缓，入馆门槛较高。虽然现在我国大部分省级公共图书馆都开设了少儿读书室，但真正意义上的少年儿童读者服务工作相对于发达国家而言，算是开展得比较晚的。20世纪70年代，北京、天津、上海等直辖市率先建立了独立建制的少年儿童图书馆，而全国其他地市基本上都没有少年儿童图书馆，那个时候各省市公共图书馆内也很少有少儿读书室。到80年代后期，为响应党中央、国务院提出的号召，少年儿童图书馆才得到大力发展，各地的少年儿童图书馆如雨后春笋般成倍增长，各地市公共图书馆也开始纷纷设立少年儿童阅览室。然而，新成立的少年儿童图书馆和公共图书馆少年儿童阅览室发展缓慢，其除了在少数发达省份的读者服务工作可圈可点，在另外的大部分地方都形同虚设、门可罗雀。笔者所在的新昌县图书馆少儿读书室成立于2008年9月4日，由当地县财政投入2万余元，在绍兴市图书馆的帮扶下，新添置少儿图书5000余册，在馆内始建成一个少儿读书室，填补了本县公共图书馆少年儿童专项服务的空白。

1.2 软硬件设施落后

公共图书馆是公益性组织，没有创收，而财政对县级公共图书馆所投入的经费又非常有限，有限的经费根本顾及不到少儿读书室的发展，配套的硬件和软件建设相当滞后。笔者所在的新昌县图书馆少儿读书室面积仅有100余平方米，室内除了一台用于借还操作的工作电脑外，没有任何现代化的科技设备。书橱、课桌椅等配套设施相对简陋。这些都远远没有满足少儿读者对一个温馨舒适、充满乐趣的阅读环境的需求。

1.3 馆藏资源匮乏

县级公共图书馆由于购书经费拮据,在采购适合少年儿童阅读的图书时往往显得捉襟见肘,不仅复本量不够,而且种类也很单一。绝大多数县级公共图书馆的儿童读物数量非常少,更新得也慢,甚至破旧不堪。很多馆在现有的馆舍条件下,能够上架的少儿书也是非常有限,根本无法满足少年儿童的阅读需求。

随着计算机技术和网络通信技术的日益普及,很多少儿读者早就已经接触到计算机网络和手机,也非常热衷于从网上浏览和获取信息,这也就加大了对馆藏少儿数字资源的需求。然而,目前各县级公共图书馆的少儿服务还是以纸质文献为主,少儿数字化文献比较匮乏,在图书馆网站上也很少有开辟出少儿服务专区。

1.4 服务模式传统单一

条件相对落后的县级公共图书馆,对少儿读者的服务一般仅限于儿童图书借阅,显得非常单一。缺乏该有的好书新书推荐、读者咨询服务等,不能及时正确地引导少儿读者找到好书、读到好书,大大降低了少儿图书的利用率。

1.5 工作人员业务素质有待加强

少儿服务工作开展得好不好,很大程度决定于工作者的业务素养。少儿服务工作者自身素质的提高,是把图书馆少儿工作做好的前提。在岗位培训、人员培训方面,县级公共图书馆条件相对落后,很多并没有做到位。很多员工往往只具备基本的业务操作知识,在更进一步为读者服务的理念上尚有欠缺。因为没有受过系统的少儿教育专职培训,往往对少年儿童的阅读心理和需求不能及时掌握,工作起来吃力不讨好,更别谈创新服务模式和服务内容了。

2. 县级公共图书馆做好少儿读者服务的对策和建议

2.1 扩大少儿读书室规模，争取建设独立建制的少儿馆

调研报告显示，截至 2011 年，我国共有县级以上公共图书馆 2800 多所，其中独立建制的少儿图书馆仅有 94 家。数量之少，在很大程度上限制了少儿服务的延伸发展。

为进一步提升和完善少儿读者服务，县级公共图书馆应争取建设独立建制的少儿馆。这不但能保证一定的购书经费和人员配置，而且一个独立建制的少儿图书馆能通过开拓和挖掘多渠道服务方式，全方位地来满足少儿读者的需求。

2.2 争取财政经费投入，提升软硬件设施，加大少儿图书采购力度

县级公共图书馆应加大经费投入，提升少儿读书室的软硬件设施配备，尤其是采购丰富的优质少儿文献。为学龄前儿童配置多种类别的益智玩具、亲子读物等。科学合理地配置少儿文献的种类、形式以及复本量，顾及不同年龄段少儿读者的需求。通过家长座谈、调查问卷、借鉴同行经验等方式，经常进行少儿读者阅读需求的调研，及时更新购置。结合小朋友寒暑假时间安排，在假期前可进行大规模少儿书采购，以满足假期大量小读者的需求。另外，也要考虑到少儿数字化文献资源的购买，一方面能促进少儿读者现代化设备的使用，另一方面也能正确引导他们健康绿色阅读，进一步激发起少儿读者的阅读兴趣。

2.3 开展读书活动，延伸少儿阅读

各县级公共图书馆都在配合省馆每年一届的"省未成年人读书节活动"开展一些少儿读书活动，通过这些内容丰富、精彩纷呈的读书活动，大大激发了孩子们的阅读兴趣，满足了孩子们的阅读要求，也受到了家长和孩子们的一致好评。除此之外，县级公共图书

馆仍需自主创新,开展一些馆内外读书活动。策划的读书活动最好能持续开展,系列成套。通过加大宣传力度,力争让更多的读者参与进来。像"听我讲故事""小小演说家""经典诗歌朗诵比赛""我当小小志愿者""生日小报评比"等形式多样、不拘一格的读书活动,只要坚持开展,一定会颇有成效。

2.4 建设一支业务素质较强的少儿服务工作者队伍

全面提高少儿服务工作人员素质,建设一支强有力的管理队伍是做好少儿工作的重要保证。

2.4.1 树立"读者至上"思想,有崇高的职业道德

少儿服务工作者对待工作要用高度的责任感和荣誉感。只有热爱本职工作、牢固树立"读者至上"的思想,才能全心全意为广大少儿服务,更好发挥图书馆"第二课堂"的作用。要尊重小读者,热心帮助他们排忧解难。

2.4.2 具备一定的科学文化知识和扎实的业务技能,做好图书推荐导读

少儿读者往往活跃好奇、求知欲强、接受新事物快、可塑性强,但阅读时比较盲目、爱跟从,对作品的鉴赏能力不够。这在很大程度上就依赖于少儿服务工作者的导读推荐。少儿服务工作者只有通过不断学习,提升自身业务能力,才能更好地引导读者健康阅读。少儿服务工作者整天和孩子们打交道,言谈举止都会对少年儿童产生潜移默化的影响,所以他们的态度要亲切和蔼,衣着要朴实无华,言谈要文明礼貌,让小读者感觉亲切,消除恐惧。另外,工作者应学点儿童心理学、教育学,多与孩子沟通,用扎实的业务技能和优质的服务态度去博得少年儿童的认可,做他们的良师益友。

·参考文献·

[1] 王晓辉. 公共图书馆少儿读者服务的实践与思考 [J]. 科技情报开发与经济, 2012, 22(4): 66-68.

[2] 曾琪. 浅谈公共图书馆少儿读者服务工作——以柳州市图书馆为例 [J]. 内蒙古科技与经济, 2012(5): 146-147, 149.

[3] 韩波. 公共图书馆如何提升为少儿服务的效力 [J]. 图书馆建设, 2003(4): 86-88.

[4] 白燕羽. 公共图书馆延伸少儿读者服务的实践与思考 [J]. 图书馆学刊, 2010, 32: 56-57.

（原载《环球市场信息导报》2014年第11期）

基层公共图书馆志愿者服务初探
——以新昌县图书馆为例

摘要： 我国公共图书馆自从进入公益、零门槛服务后，逐渐引入志愿者服务队伍，虽然相比国外成熟的志愿者队伍机制，我国的公共图书馆志愿者活动仍处于起步探索阶段，但公共图书馆引入志愿者队伍对社会产生的影响却是显而易见的。笔者基于所在基层公共图书馆志愿者服务现状，进一步探讨基层公共图书馆志愿者服务管理策略，更好地促进基层公共图书馆志愿者服务事业的可持续发展。

关键词： 基层；公共图书馆；志愿者服务

  2016年底，中宣部、中央文明办、教育部、民政部、文化部、国家文物局和中国科协印发《关于公共文化设施开展学雷锋志愿服务的实施意见》，明确提出到2020年，基本建成公共文化设施志愿服务组织体系、志愿服务项目体系和志愿服务管理制度体系。2012年中央文明办、文化部制定下发《关于广泛开展基层文化志愿服务活动的意见》提出，依托公益性文化设施开展基层文化志愿服务活动。公共图书馆、博物馆、美术馆、文化馆（站）、电子阅览室等公益性文化设施，是开展公共文化服务的重要场所，也是保障基层群众基本文化权益的重要阵地。我国《公共图书馆服务规范》要求："公共图书馆应导入志愿者服务机制，吸引更多图书馆工作人员和社会公众加入志愿者队伍。"我国公共图书馆自从进入公益、零门槛服务后，逐渐引入志愿者服务队伍，虽然相比国外成熟的志愿者队伍机制，我国的公共图书馆志愿者活动仍处于起步探索阶段，但公共图书馆引入志愿者队伍对社会产生的影响却是显而易见的。笔者基于所在基层公共图书馆志愿者服务现状，进一步探讨基层公共图书馆志愿者服务管理策略，更好地促进基层公共图书馆志愿者服务事业的可持续发展。

1. 新昌县图书馆志愿者服务现状

1.1 志愿者人群
参加社会实践的在校大学生、中小学生为主。

1.2 服务内容
新书加工、书刊整理、图书借阅等。

1.3 服务时间
主要集中在学生寒暑假期间，日常工作时间存在随意性。

2. 基层公共图书馆志愿者服务初探

2.1 志愿者服务内容全面拓展

2.1.1 馆内服务项目
图书馆内各服务部门的日常工作都可以引入志愿者，如采编部新书加工，图书开放服务区图书整理、图书借阅，期刊服务区报刊整理上架，以及大厅内读者信息咨询、好书推荐等。

2.1.2 馆外服务项目

图书馆各项馆外业务活动任务多，人手少，志愿者的加入就能很好地缓解工作压力，提升馆外服务质量。现有特殊读者群体上门服务、送书下基层、社会文化活动等服务项目。

2.1.3 网络服务项目

基层公共图书馆除了在传统服务项目上需要志愿者的积极加入，在如今信息化时代，网络上的服务也亟需一批志愿者队伍的参与，如信息咨询服务、宣传推广、与读者互动等。

2.1.4 "真人图书馆"服务项目

近几年来，图书馆界"真人图书馆"不断涌现，也吸引着各家图书馆努力尝试。"真人图书馆"有别于图书的优势在于它提供的真人书有丰富的生活经验，这种服务通常你在其他地方无法得到。资料显示，国外的真人书有球迷、女消防员、殡葬经理、治疗康复师、流浪汉、艾滋病患者、警察、素食者、政客、新闻记者、外来移民、残疾人等不同的人选，他们都是志愿者。基层公共图书馆也可以通过吸收有一定专业特长和社会阅历的各界人士如医生、律师等成为"真人图书馆"志愿者。

2.2 志愿者队伍组织管理

2.2.1 建立健全志愿者服务管理机制

图书馆应设立专门的志愿者管理机构，形成一套比较完善的制度，引导和规范志愿者在图书馆的行为。科学、有效、可持续的志愿者管理体系是开展好志愿者服务的基础保障，在开展志愿者服务时，如何招募，如何管理，如何帮助志愿者加强图书馆专业知识水平、充分发挥其自身优势等问题，都是必须考虑的。

2.2.2 创新志愿者服务的内容与形式

志愿者不是免费的劳动力,而是补充中小型公共图书馆活力的新生源泉,是对图书馆服务内容的补充与丰富。应当充分利用志愿者的知识优势、专业技能、生活阅历等,开展形式多样、内容丰富的读者活动,真正使广大志愿者成为图书馆一道靓丽的风景线。

基层公共图书馆对志愿者的引入,不应单纯只限于"劳动力"来安排工作。管理部门应调研志愿者的需求,减少打击志愿者积极性的体力类服务,如还书上架、搬运等工作,增加趣味性、智力性较为浓厚的服务,如读者咨询、讲座助理、送书下乡等工作,充分发挥志愿者的专业特长,使他们的知识结构、服务意愿和专业特长有用武之地,提高志愿者队伍的服务质量和整体素质。

2.2.3 完善志愿者激励与奖惩评估机制

基层公共图书馆可以通过合理的激励机制鼓励志愿者,并充分调动志愿者的工作积极性。志愿者虽不是正式员工,也不要求报酬,但也需要得到相应的权益保障,例如保障工作中的人身安全,补助必要的交通、午餐及特殊保险等费用,让志愿者无后顾之忧,全心全意地投入志愿服务。此外,图书馆可以定期召开交流会,加强沟通,交流心得体会,及时地对志愿工作进行讲评和总结,并听取志愿者对图书馆工作的意见和建议。通过考核向优秀志愿者颁发证书、通报表彰,或将优秀志愿者的事迹通过新闻媒体、广播电视、网络等表扬宣传等,让他们在服务过程中得到肯定、受到尊重,并能产生长期服务、奉献社会的意愿。

2.2.4 扩大志愿者服务活动的宣传途径

在一些国家,志愿者工作已经被纳入了中小学的德育教育课程,政府的倡导及结合教育管理的机制促使志愿者工作得以广泛持久和成规模化地发展。由此可见，只有大力倡导，才能普及推广。基层公共图书馆要在积极争取政府和社会支持的同时，充分利用新闻媒体、广播电视、网络等方面资源，全方位地向城市、农村各行业、领域宣传志愿者精神，吸引更多社会公众加入志愿者服务队伍。

基层公共图书馆要大力提倡志愿者无私奉献精神，动员社会力量加入志愿者队伍。政府和其他社会机构要通过报纸、广播、网络等媒介，印制宣传页等方式，让群众了解志愿者的服务内容、服务意义及加入志愿者组织的渠道。

▶▶▶ 结 语

随着志愿者服务理论和实践的发展，各基层公共图书馆志愿者服务虽然仍有很多问题，但进步是有目共睹的。基层公共图书馆在争取当地财政支持的情况下，鼓励全县市各年龄层、各行业的市民参与图书馆志愿者服务。在不断实践和经验总结当中，建立一支高素质的公共图书馆志愿者队伍，为有志于终身学习的市民提供更优质的服务，为完善当地公共文化服务体系贡献力量。

·参考文献·

[1] 贺小燕.中小型公共图书馆志愿者服务管理探究[J].图书馆研究，2015(4)：54-57.

[2] 许美荣.公共图书馆志愿队伍管理的改进[J].图书馆杂志，2007，26(6)：32-33，35.

[3] 宋占茹.论图书馆志愿服务管理[J].科技情报开发与经济，2010，20(20)：55-57.

[4] 王冬阳.对公共图书馆发展志愿服务的思考[J].图书馆，2013(4)：101-102.

［5］张俊.公共图书馆志愿者工作的进一步思考——以重庆图书馆为例［J］.大江周刊（论坛），2013(4)：124.

［6］陈琦，李文学.公共图书馆志愿服务管理工作调查研究——以浙江省为例［J］.图书馆界，2014(2)：46-49.

（原载《基层建设》2017年第24期）

公共图书馆服务特殊群体的探索与实践
——基于新昌县图书馆案例的思考

摘要： 服务特殊群体是公共图书馆的重要职责，公共图书馆针对老、弱、病、残等特殊群体，需要提供更加充满人文关怀的服务形式，切实保障每一位读者公平地享受到图书馆服务。本文从新昌县图书馆近几年来为特殊群体提供服务的工作实践出发，对公共图书馆服务特殊群体的工作措施、存在问题进行了深入探讨，对公共图书馆创新特殊群体服务机制提出了行之有效的建议和对策。

关键词： 公共图书馆；特殊群体；现状

中共中央办公厅、国务院办公厅印发的《关于加快构建现代公共文化服务体系的意见》中提出："保障特殊群体基本文化权益。将老年人、未成年人、残疾人、农民工、农村留守妇女儿童、生活困难群众作为公共文化服务的重点对象"，进一步明确了公共图书馆等基本文化服务体系面对的六大特殊群体。《公共图书馆宣言》中指出"公共图书馆应不分年龄、种族、性别、宗教、国籍、语言、社会地位或其他任何特性向所有的人提供平等的服务"，并特意声明"还必须向由于种种原因不能利用其正常的服务和资料的人，如语言上处于少数的人、残疾人、数字或计算机技能困难者、读写困难者或住院病人及在押犯人等提供特殊的服务和资料",这便是公共图书馆的特殊人群服务,它启发我们将特殊群体的服务对象,从残障、贫困的弱势群体进一步拓展到各种因身体、心理、环境因素而导致阅读困难,或是在社会中受到歧视和排斥的边缘人群。

1. 特殊群体定义及范围界定

1.1 定义

所谓特殊群体,主要指老、弱、病、残读者,当然也包括外来务工人员。特殊群体由于种种原因,在经济收入、社会地位、权益保护、竞争能力等方面往往处于困难和不利境地。

1.2 范围界定

特殊群体包括弱势群体、优抚对象和边缘人群。弱势群体是指那些因主客观原因导致政治势力小、经济条件差、社会地位低、在社会竞争中处于不利形势的人群,如孤寡老人、残疾人、老年人、未成年人、妇女、最低保障对象、下岗失业人员等。优抚对象包括现役军人家属、革命伤残军人、复员军人、因公牺牲军人家属、病故军人家属、现役军人家属、军队离退休干部等。边缘人群是指那些因为社会流动或者社会越轨而导致不适应社会的人群,如外来人口、社会越轨人群等。

2. 公共图书馆服务特殊群体的现状

2.1 我国公共图书馆服务特殊群体概况

近年来,我国各级图书馆对特殊群体服务工作非常重视,很多图书馆转变服务观念、完善服务制度,努力为特殊群体营造良好的服务环境，特别是在为弱势群体服务的实践中取得了显著的成效。一些图书馆建立了为特殊群体服务的长效工作机制，强化特殊群体工作的目标管理。为保证特殊群体与其他读者享受同等的服务，一些图书馆不断完善基础设施，不断延伸服务范围，努力建设公共文化服务网络。图书馆为特殊群体服务工作正在逐渐步入制度化、专业化、科学化的轨道。

2.2 新昌县图书馆服务特殊群体的实践

2.2.1 老年读者群体服务

退休老人是新昌县图书馆一群非常固定的忠实读者。不管是工作日还是双休日，总有那么一批老年人早早地等候在图书馆门外。他们风雨无阻，每天都会出现在图书馆的一个小角落，或在期刊阅览室，或在外借室。老花眼镜、茶杯等日用品都已摆放在固定的位置。在这里，有他们钟情的每日新闻，也有让他们消遣娱乐的期刊，更有令他们津津乐道的历史名著。在他们身上，无不展现了"活到老，学到老"的意念。来馆的老年读者自然可以享受到图书馆馆员们提供的热情周到的服务，或引导、或帮扶。为了让那些没能来到图书馆，但依然有着阅读需求的老年读者也看上图书，新昌县图书馆也在不断地努力尝试送书上门等特殊服务。新昌县图书馆在新昌县敬老院、阳光福利中心分别建设了图书流通点，针对老年读者的阅读需求，挑选出一批有关时事政治、养生保健等的书籍长期放在当地流通点，以便于他们随时借阅。通过与敬老院和阳光福利中心的图书管理员的联系，逐步根据需求更新补充图书。

2.2.2 未成年读者群体服务

未成年读者是新昌县图书馆的重要读者群体，尤其是在周末、节假日期间，在少儿借阅窗口往往会排起长队。未成年读者的阅读需求，一方面需要家长和老师的引导，一方面图书馆馆员的积极引导和好书推荐也显得尤为重要。值得一提的是一年一次的未成年人读书节活动。新昌县图书馆每年都会围绕未成年人群体，举办丰富多彩的活动，有讲座、展览、经典诗文朗诵、摄影比赛、微电影拍摄等等，让小朋友们爱上阅读、爱上图书馆。在寒暑假期间，图书馆采编部门也会根据假期小读者的阅读需求扩充少儿图书馆配，让他们到图书馆真正的有书可读，有书可借，过上一个充实的假期。"你挑书，我买单"服务，可以让小朋友们将想要借而馆里却没有的图书信息填到表格上，并留下联系方式，这样，便于馆里采编完成这些图书后可尽快联系读者前来借阅。

2.2.3 农民工子弟群体服务

对农民工子弟的服务，新昌县图书馆主要是提供送书下乡服务。针对他们家境普遍不好的情况，在六一儿童节、4月23日世界读书日、新年佳节之际，为他们送上一份阅读的礼物，为他们带去一份小小的社会关爱。新昌县图书馆还特地在县农民工子弟学校建立了小小读书角，在他们学校的每个教室的一角放了一个书架，由图书馆负责提供初始图书以及日后图书的添置与更新。

2.2.4 其他特殊群体服务

针对不同的特殊群体，新昌县图书馆都因人制宜，努力将服务做得更好、更完善。图书服务的不断延伸，特殊群体的舒适与便利，是新昌县图书馆不懈的追求。

3. 关于进一步提升公共图书馆服务特殊群体水平的探索与思考

3.1 规范落实制度，提升服务意识

针对特殊群体的特殊服务，需要规范工作制度，让每一位馆员能有所了解和掌握。相关工作人员必须不断提升自身服务素质。比

如少儿室工作人员要有较大的耐心，细心领会小读者的需求，对少儿读物也有一定的了解，才能把最适合的图书推荐给他们；比如为老年人、残疾人等特殊群体服务时，需要给予最大的尊重与帮扶，力所能及地提供最周到的服务。

3.2 无障碍设备设施建设

完善的硬件设施有助于特殊群体消除自由利用图书馆的障碍，公共图书馆应充分考虑这些群体的需求，如设置盲道和轮椅坡道，设立残疾人专用卫生间，设置电梯低位按钮，设立专门的老年人、残疾人、儿童阅览区域等无障碍设备设施。另外，提供温馨舒适的馆内环境以及工作人员热情周到的服务也是让特殊群体读者往而复返的理由。

3.3 服务资源建设

有效利用购书经费，在特殊群体的服务资源上加大投入，充分满足他们的阅读需求。公共图书馆还应购置便于特殊群体使用的设备，如为视觉障碍读者提供盲文用纸、盲人书写笔、盲文读屏软件、报时表，为聋哑用户提供听力读书器、手语工具书等。

3.4 建立长效服务机制，完善特殊群体服务体系

公共图书馆必须长期履行好对特殊群体的服务，把每一项工作持之以恒地去不断完善好。服务形式也可以多样化，通过网站、微信公众平台等多媒体形式，为读者提供便利的借阅服务，逐步完善特殊群体服务体系。

▶▶▶ 结　语

公共图书馆作为公共文化服务体系中的重要组成部分，是保障

特殊群体基本文化权益的重要力量。做好特殊群体服务工作，具有义不容辞的社会责任。公共图书馆应该让每一位读者在享受图书馆服务的同时感受到政府的关怀、社会的温暖。公共图书馆作为公益性的社会教育以及文化传播机构，有责任也有义务承担起丰富特殊群体精神文化世界的任务。

·参考文献·

［1］李慧晶.公共图书馆面向特殊群体的服务研究［J］.黑龙江史志，2009(9)：88.

［2］赵冬梅.公共图书馆为弱势群体服务探讨［J］.河北科技图苑，2013，26(2)：44-45，83.

［3］陈若韵.公共图书馆弱势群体服务实效及解决方案［J］.图书馆建设，2008(10)：102-105.

［4］刘洪卫.图书馆为弱势群体服务的思考［J］.图书馆工作与研究，2006(3)：94-95.

（原载《中文信息》2016年第9期）

公共图书馆与中小学合作模式研究

摘要： 图书馆是收集、整理、保管、传递文献信息载体、为社会服务的文化机构，社会的需求决定了图书馆服务的内容，也决定着图书馆的社会职能。图书馆的社会职能是在图书馆的发展中逐步形成，它的社会职能是随社会的变迁、知识信息的价值以及科学技术的发展而变化。公共图书馆是公共文化服务的重要组成部分，在传承中华文明、提高国民素质、推动经济社会发展等方面发挥着积极作用。中小学生是图书馆面向未成年人服务中的重要群体，着力打造全民阅读的环境，加强中小学校与图书馆的紧密结合，将图书馆中的优质资源有效融入中小学校教育教学活动中，提供更专业有效的课外资源指导，对促进馆校融合发展、深入推进全民阅读具有重要意义。

关键词： 公共图书馆；中小学；合作

著名教育学家蔡元培先生说过："教育并不专在学校。学校以外，还有许多的机关，第一就是图书馆。"公共图书馆作为全民阅读主阵地，深化社会教育职能，为全民阅读提供了舒适的阅读环境和丰富的阅读资源。图书馆是收集、整理、保管、传递文献信息载体、为社会服务的文化机构，社会的需求决定了图书馆服务的内容，也决定着图书馆的社会职能。图书馆的社会职能是在图书馆的发展中逐步形成，它的社会职能是随社会的变迁、知识信息的价值以及科学技术的发展而变化。公共图书馆是公共文化服务的重要组成部分，在传承中华文明、提高国民素质、推动经济社会发展等方面发挥着积极作用。中小学生是图书馆面向未成年人服务中的特殊群体和重要群体，着力打造全民阅读的环境，加强中小学校与图书馆的紧密结合，将图书馆中的优质资源有效融入中小学校教育教学活动中，提供专业有效的课外资源指导，对促进馆校融合发展、深入推进全民阅读具有重要意义。

一、基本现状

一是阅读的重要性日趋凸显。古语有言：粗缯大布裹生涯，腹有诗书气自华。一个人的气质、涵养很大一方面来自你的知识，知识最有效、最快捷的来源就是阅读。孩子在学校学到的主要是课本知识，孩子如果只是掌握课本上的那点知识，那么知识结构难免单一。阅读有益的课外书不但有助于孩子开阔视野、培养广泛的兴趣爱好、学会为人处世等，而且可以增长见识，做到不出家门而知天下事，不出国门而了解世界各地的历史文化、风土人情。读书也有助于孩子形成良好的品格和健全的人格。读书还可以给我们打拼的勇气和战胜困难的力量，能祛除内心的浮躁，让一颗心沉浸在文字宁静的世界里，给心灵以慰藉和滋润。而阅读习惯的培养，当从孩子的儿童时代开始培养，在孩子的中小学时代多加引导，真正地重视阅读，让孩子爱上阅读。

二是中小学图书馆利用率不高。中小学图书馆是中小学生自主学习的主要场所，也是教师教研学习的重要场所，是学校书刊信息的服务中心。中小学图书馆无论是在规模上，还是在资金、人员、管理、硬件、环境等各个方面，都较公共图书馆有所欠缺，直接影响了学校图书馆的利用率。学生在校时间自由阅读时间较少，去校图书馆阅览机会不多，导致图书馆利用率偏低，服务效能也低。尤其是中学生学习节奏快，课内外作业繁重，根本腾不出时间来课外阅读，更不用说去图书馆自由阅读。学校图书馆的设施设备相对落后，服务空间相对有限，也在一定程度上限制了校图书馆的服务效能。

三是公共图书馆服务范畴不断拓展。公共图书馆作为全民阅读的主阵地，随着经济社会发展和读者需求的个性化、多样化，读者对图书馆的服务能力也提出了更高的要求。公共图书馆的服务内容已从传统的单一服务模式向多样化模式转变，服务内容包括通借通还、公益讲座展览、阅读推广活动、志愿服务、便民服务等。面对新时代、新趋势、新要求，公共图书馆要充分发挥社会教育职能，树立好创新意识，多角度、多功能拓展，为公众提供更优、更快、更好的阅读服务。在服务空间上，公共图书馆也需要从馆内走向馆外，鼓励走进机关、企业、学校、社会机构，走进农村、社区等基层，提供上门服务，延长图书馆开放时间，延伸服务范围，充实服务内容，不断完善总分馆服务体系，以"图书馆+"的模式迎接新的挑战。

二、合作模式

（一）与学校图书馆共享馆藏资源

以公共图书馆为总馆，建立校园分馆或学校流通点，丰富基层校园图书馆文献资源，构建广覆盖、高效能的未成年人阅读生态体系。可以将公共图书馆的资源与学校图书馆进行整合，让公共图书馆为学校图书馆提供一个成熟的技术帮助，有效提升学校图书馆的整体实力，提升公共图书馆的社会影响力。国内实施馆校合作实现文献资源共享的公共图书馆已有不少，并取得较好的服务效能。广州市文化广电旅游局于2021年在全国首创"馆校一体化"合作发展模式。广州少年儿童图书馆作为未成年人图书馆服务中心馆，探索推进馆校合作，在全市建设直属学校分馆、校园智慧图书馆36间，激发了文教系统资源、人员、物资的活力和提升服务效能，并指导从化、黄埔、花都等地先行先试，以点带面，走出了有广州特色的创新之路，馆校合作已成为公共文化服务体系扩张的新增长点。

（二）对班级提供个性化服务

公共图书馆除与学校建立合作关系外，为进一步体现个性化，为学生阅读提供零距离、零门槛服务，可开展与班级间的定制服务。一是开展送书到班级。根据每个班级的不同需求，公共图书馆可联合书店开展送书上门服务，把最想看的直接送到孩子面前，便于下课间隙或自习课期间让孩子们自由阅读。二是推出班级团体借阅证。通过与公共图书馆沟通协调，定制班级借阅证的权限服务，落实专人负责图书借还和资产保管，一方面促进图书馆的图书流通，另一方面也为孩子们阅读提供极大的便利。在班主任老师的引导下，借助图书馆丰富的馆藏资源，让每一位孩子培养起热爱阅读的良好习惯，不仅是对学习的一种促进，也将对一个人的成长、成功起到积极的作用。三是以班级为单位，与图书馆联合开展各种阅读活动，既能保障参与的读者群的权益，又能激发同学们一起边学边玩的兴趣，以达到共赢的目的。

（三）为教师教学提供资源支持

公共图书馆是社会中的知识存储平台，是人们进行信息交流的重要场所，是肩负着公共教育的社会机构。教师教书育人，在孩子的成长道路上发挥着举足轻重的作用。为更好地发挥当地优秀教师的资源优势，更好地开展有利于中小学生全面发展的阅读活动，公共图书馆应为教师教学提供强大助力。根据教师的实际需要，从订阅电子期刊、数字图书、报纸、文献资源等多方面提供知识性资源支撑，满足教师课题研究、教学改革、教学设计、重点实验室建设等多面向的需求。可邀请教师加入图书馆开展的各类公益活动中，让他们成为活动的引领者，从而带动更多的学生参与其中，极大提升活动品质和持续性效应。一方面，结合活动为师生教学提供深入体验，另一方面，也充分吸取老师的知识传授经验，通过公共图书馆提供的优质文献资源和免费的公共服务平台，引导孩子们养成良好的阅读习惯。

（四）为学生学习和社会实践提供平台

公共图书馆环境优良，学习氛围浓厚，是孩子们假期的好去处，同时也成为学生假期实践活动的首选之处。公共图书馆可根据学校的教学教育，提供多种知识资源服务，如引入英语教学资源、安排阅读活动、建设电子图书馆、提供网络资源、加强空间环境等服务，让学生从实践中获取有益的知识素质。定期举办主题活动，如作文比赛、朗诵比赛、小说比赛、拓展训练、图书分享等，鼓励学生发挥实践思维能力，提升自身知识水平。充分利用图书馆天然的空间优势，除了可以使学生得到更好的阅读条件外，还能有更多获取知识与信息的渠道，让中小学生拓宽视野，感受到知识的广度和深度。为吸引学生走进图书馆、了解图书馆、爱上图书馆，结合图书馆志愿服务工作，各级图书馆都会在假期里招募志愿者，为学生社会实践提供各种工作岗位，一般包括咨询引导、图书排架、报刊整理、办证、图书借还、秩序维持、活动推广等。提供社会实践、志愿服务等情感性的发展服务，让学生接触更多的社会文化，增强对社会的责任感，提升自身素养。通过社会实践，让更多的学生了解图书馆的工作，亲身体验图书管理的乐趣，将阅读理念融入职业实践，培养学生阅读的兴趣，增强学生的阅读能力，引导孩子正向发展。

（五）做好图书馆管理员的业务培训

图书馆业务的开展离不开专业培训与指导，从图书采访、编目，到图书整理、借阅服务，到参考咨询、馆藏配置等，管理员没有接受专业的培训，提供的服务就只能停留在传统的图书借还工作等基础性工作上。相对于成年人阅读服务工作，中小学生的阅读特点更复杂，更需要图书管理员的引导和指导，要求工作人员对心理学、教育学等领域的知识有一个基础性了解，熟知青少年感兴趣的一些领域知识，从而可以在工作中更好地为儿童进行服务。要加强中小学图书馆规范化建设、专业系统化管理，落实立德树人根本任务，切实提升学校图书馆管理员的专业技术水平，优化综合服务能力，提高图书馆的利用率。学校图书馆应该配备专职的图书馆管理员,依托当地公共图书馆管理员培训平台,强化工作人员的培训,与公共图书馆加强业务联系与沟通,促进公共图书馆与学校图书馆共同发展。

三、融合发展思考

(一)增强合作意识

作为全民阅读工作的主阵地,公共图书馆和学校图书馆都有着阅读推广的职责和使命。在共建共享的基础上,图书馆与学校首先要树立较强的合作意识,共同促进学生阅读。学校和图书馆应该充分意识到彼此的重要性,相互合作,共同提升服务效能。学校图书馆只有投身于全民阅读的社会洪流中,才能够帮助摆脱学校图书资源相对落后的局面,让更多的图书资源来满足师生的教学需要,带领学生充分利用好课余时间阅读,在阅读的世界里探索知识,从而提高学习能力。对公共图书馆而言,学校是拓展服务的重要基地,让广大中小学生更多地了解图书馆,通过合作的方式也促进了自身的发展。

(二)打通合作壁垒

有效整合当地公共图书馆和学校图书馆资源,建成资源共建、文献共享、通借通还的图书馆服务共同体,最大限度整合资源,向师生提供"高质量、高效能、高满意度"服务。打通文旅教育的信息壁垒,统一业务管理系统,统一工作人员培训,统一馆藏流通更新。当然,信息壁垒的统一部署离不开双方主管部门的支持。一方面，保障学校图书馆的图书文献的供给保障，另一方面，也充实了公共图书馆的馆藏服务体系，实现共利双赢，更大程度促进全民阅读。

（三）促进深度融合

公共图书馆与中小学融合发展，有助于彼此事业的壮大发展，有助于提高图书馆的社会服务效益，有助于建设书香社会和书香校园。公共图书馆与中小学教育融合发展，可以使公共图书馆成为中小学社会教育的重要平台和渠道，为中小学生和教师提供更多的社会资源和服务，促进他们的社会参与和承担社会责任，提高他们的社会能力和素养。公共图书馆应当把学校作为重要的合作伙伴，立足实际，为各年龄层孩子量身定制，精心打造适合中小学生的活动品牌，力促馆校合作深度融合。

（四）建立长效机制

馆校合作发展需要建立长效发展机制。这不仅有助于公共图书馆服务拓展的深化，也为中小学校图书馆工作的开展提供强有力的保障。统一规范工作制度和章程，把合作内容和目标具体化，沟通好馆校合作人员的经费、图书经费保障，建立好馆校开展合作的长效机制。通过馆校上级主管部门牵头制定相关政策及条例，使馆校合作的落实有章可循、有据可依，使馆校合作更加规范化、制度化和长效化。同时，建立一支长期稳定的联络员队伍，及时反馈和沟通工作中的问题，排除困难，共同经营好合作项目。

▶▶▶ 结　语

公共图书馆的发展，需要与时俱进、开拓创新。在深化全民阅读的过程中，公共图书馆与中小学校都发挥着至关重要的作用。公共图书馆与中小学校间的融合发展问题，是在公共图书馆不断拓展的社会职能中值得探索和实践的课题。通过公共图书馆与学校中小学图书馆的合作，进一步优化孩子们的学习，更大程度地促进全民阅读，共同打造精品阅读推广活动，实现阅读资源利用最大化和未成年人阅读推广精准化，并形成一套良好的馆校合作模式，更好地推动书香校园、书香社会的建设。在一路陪伴孩子成长的过程中，公共图书馆与学校融合发展的探索任重道远。

·参考文献·

[1]张伟丽.浅谈公共图书馆对中小学图书馆建设的支持——以安徽省图书馆为例[J].发明与创新（职业教育），2019(02)：112-114.

[2]石乐怡.新西兰国家图书馆开展中小学生服务的经验及启示[J].图书馆学研究，2020(16)：96-100，56.

[3]史君.公共图书馆与中小学校的馆校合作模式研究[J].参花（下），2021(04)：69-70.

[4]梁茁草，刘燕权.美国中小学与公共图书馆阅读推广合作模式及成功案例纵析[J].图书馆建设，2020(S1)：120-123,129.

[5]申屠芬."双减"政策下中小学图书馆的发展机遇研究[J].图书界，2022(04)：39-43.

（原载《丝路视野》2023年第12期）